LE

Secret de l'Absolu

PAR

E.-J. COULOMB
(AMARAVELLA)

Préface de Mr E. BURNOUF

Prix : 3 fr. 50

PARIS
BIBLIOTHÈQUE DE LA RENAISSANCE ORIENTALE
Au siège de la Société Théosophique
30, BOULEVARD SAINT-MICHEL, 30

1892

LA BIBLIOTHÈQUE

DE LA

RENAISSANCE ORIENTALE

PUBLIERA PROCHAINEMENT :

E.-J. COULOMB : **Le Secret de l'Univers**, d'après la Doctrine secrète.

— **Le Secret de l'homme** d'après la Théosophie.

H.-P. BLAVATSKY : **La Clef de la Théosophie** traduction par Mme H. de Neufville.

— **La Voix du silence.**

JASPER NIEMAND : **Lettres qui m'ont aidé.**

Paris. — Typ. A.-M. Beaudelot, 16, rue de Verneuil. — 1569

LE
SECRET DE L'ABSOLU

LE

Secret de l'Absolu

PAR

E.-J. COULOMB

(AMARAVELLA)

Préface de Mr E. BURNOUF

PARIS

BIBLIOTHÈQUE DE LA RENAISSANCE ORIENTALE

Au siège de la Société Théosophique

30, BOULEVARD SAINT-MICHEL, 30

1892

AU MAITRE INCONNU!

PRÉFACE

Les jours, les mois, les années, sont des divisions naturelles du temps et répondent à des retours réguliers des mouvements du ciel. Le siècle est une invention humaine purement arbitraire ; l'évolution des choses ne procède point par périodes séculaires ; le premier jour d'un siècle ne forme pas une « époque » dans la suite continue des faits ; rien ne ressemble plus à la fin d'un siècle que le commencement du siècle suivant. Cela dit, et en admettant comme artificielles les séries de cent années, on peut trouver que chacune d'elles a son caractère et peut être désignée par un événement principal ou par le nom d'un personnage supérieur.

Si j'avais à qualifier les siècles derniers en matière de métaphysique, j'appellerais le XVIIe siècle, siècle de Leibniz et le XVIIIe, siècle de Voltaire. Quant au XIXe, il ne paraît pas avoir produit un de ces génies créateurs de l'avenir ou destructeurs du passé, qui dressent et illuminent notre voie. L'œuvre voltairienne a eu pour but et pour effet de déblayer la science, obstruée par des doctrines préconçues, que les religions régnantes entretenaient. De ces dogmes, plusieurs pouvaient être vrais; mais, n'ayant pour base que la tradition, ils ne pouvaient entrer dans le corps de la science, telle que Descartes l'avait définie. Descartes les gardait « par provision »; le siècle suivant les rejetait dédaigneusement. Il avait tort, puisque rien ne prouvait qu'ils fussent tous faux; il fallait les écarter, mais provisoirement, sauf à y revenir, si la science une fois faite, leur redevenait favorable.

Le siècle présent a trouvé le terrain de la science dégagé. Son œuvre était de le féconder de nouveau. Il a accompli sa tâche, non en produisant une théorie universelle, mais en rassemblant les matériaux qui doivent lui servir de base. C'était la marche naturelle : les théories universelles ne se produisent dans l'humanité qu'à de très longs intervalles, toujours fondées sur l'observation des faits, sur leur analyse et leur synthèse. Elles se sont présentées d'abord sous la forme de religions ou, pour mieux dire, de mythologies, quand on a cru reconnaître les forces de la nature, qu'on les a tenues pour vivantes et pensantes et qu'on les a classées en une hiérarchie divine; parallèle aux séries naturelles des phénomènes.

Il n'y a pas eu deux mythologies, mais une seule, qu'on retrouve partout sous des formes variées. Combien de temps a duré cette première théorie universelle? On l'ignore, car on ne sait ni quand elle est née, ni quand elle a péri; on peut même dire qu'elle existe encore dans les mythologies indoues, musulmanes et chrétiennes. Seulement elle a subi avec le temps des altérations plus ou moins profondes, grâce à la science libre qui continuait d'agir à côté d'elle.

Les philosophes indiens, Kapila et les autres, battaient en brêche l'anthropomorphisme et préparaient la venue du Bouddha en qui la science nouvelle allait s'incarner. Le bouddhisme apportait une théorie universelle : la force latente et la loi de l'univers n'y étaient plus représentées par une personne divine, mais par une conception de l'esprit où venaient se résoudre toutes les antinomies. C'est donc de Çakya-mouni qu'on peut faire dater l'esprit des temps nouveaux.

Vers la même époque, soit d'eux-mêmes, soit par une influence orientale, les philosophes grecs tentaient de s'affranchir de la mythologie et de créer une science en dehors de la religion. Mais la Grèce n'eut ni assez de puissance, ni assez de durée pour que les idées scientifiques de Platon, d'Aristote et des Stoïciens pussent prévaloir dans le monde. Au contraire, après les expéditions de Darius, de Xercès et d'Alexandre, c'est la Grèce qui fut conquise aux idées orientales. De cette fusion naissait, non une science, mais une religion, le christianisme. Sa doctrine prenait le titre d'universelle, car elle réunissait par une sorte d'éclectisme, le Dieu-Sultan des Juifs représenté par Saint-Pierre, la bôdhi ou gnôse des Esséniens, c'est-à-dire des bouddhistes, représentés par Saint Paul et enfin la théorie platonicienne des Pères, qui revêtit plus tard la forme logique mise au jour par Aristote. C'était tout. Depuis la Somme de Thomas d'Aquin, la doctrine chrétienne n'a plus fait un pas, la religion du Christ a renoncé à la théorie pour n'être plus qu'une institution mystique, sacerdotale et politique. C'est tout ce qu'elle est aujourd'hui. La science dite chrétienne raisonne sur les principes de foi donnés par l'Eglise, elle n'a aucun crédit, car elle est inutile et à la science laïque et à la foi.

A côté des religions et en dehors d'elles, l'analyse poursuit librement son œuvre en vue de la théorie universelle dont l'expression sacerdotaie est devenue insuffisante. L'analyse a pour auxiliaire l'observation, qui porte à la fois sur les choses du monde physique et sur celles de la pensée. La fin du siècle dernier et tout le siècle qui va finir ont accumulé d'une façon prodigieuse les observations et les analyses. Un seul homme ne pouvait suffire à un tel travail : les gens de science se le sont partagé; ils ont divisé les recherches en sections naturelles, créé autant de sciences particulières et autant de groupes de savants qu'il y a de sections. Jamais l'humanité n'avait donné l'exemple d'un pareil labeur, accompli librement, sans doctrines préconçues, par un nombre étonnant d'hommes qui ne se connaissent pas, qui sont dispersés sur toute la terre et qui marchent tous dans le même sens, vers le même but.

La plus haute application de l'analyse est la métaphysique, qui est la science de l'absolu. L'observation des faits naturels ne porte que sur des modes et n'atteint jamais la substance. L'analyse de la pensée l'atteint, et fait connaître du même coup la nature des conditions absolues des choses, qui sont au nombre de deux, le temps et l'espace. Aucune science particulière n'aborde ces problèmes ; le savant qui les discute est par cela même métaphysicien. Chacun pourtant se croit apte à les résoudre ; mais quand on lit le premier chapitre d'un livre de physique, de physiologie, ou même plus d'un traité de philosophie, on est étonné des erreurs et du vague qui s'y rencontrent. C'est que, dans l'ordre des sciences en général, la métaphysique occupe un rang aussi élevé que le calcul intégral dans la science mathématique : peu de personnes vont jusque-là. Et comme on n'invente pas ce calcul, comme on l'apprend de ceux qui le connaissent, qui eux-mêmes l'ont reçu de ses auteurs par l'enseignement, l'étude de l'absolu n'est pas non plus l'œuvre du premier venu. Il y a tout avantage à la refaire avec ceux qui l'ont déjà faite, à profiter de leurs découvertes et à éviter leurs méprises.

Le plus grand métaphysicien des temps modernes, c'est Leibniz, qui a donné l'analyse approfondie de l'idée de substance ou de force et créé, chemin faisant, la dynamique. Aristote, savant universel comme Leibniz, avait établi à la base de la science, ce qu'il appelait le χωριστόν, qui est l'impénétrabilité des substances. Mais aucun ne poussa l'analyse aussi loin que les philosophes indiens, soit brâhmanes, soit bouddhistes. Seulement, en homme de sens, le bouddha ne répondait jamais quand on lui parlait de Dieu, parce qu'il n'attribuait pas l'existence personnelle au principe absolu des choses. Il est manifeste que la tendance des sciences modernes est bouddhique; M. Coulomb a eu cent fois raison de demander la lumière aux philosophes indiens, comme les anciens Grecs la leur avaient demandée. A présent nous possédons les livres orientaux de toutes les époques. Nous sommes installés, les Anglais dans l'Inde, les Français dans les pays bouddhistes de l'extrême Asie. Victor Cousin et ses disciples avaient préconisé l'histoire de la philosophie, publié ou traduit d'anciens écrits, mais l'Orient était resté pour eux lettre close. Aujourd'hui tout est changé : l'Orient se dévoile de plus en plus chaque jour et va sûrement fournir sa part à cette théorie universelle que toute la science recherche et que le siècle prochain verra éclore.

EMILE BURNOUF.

Paris, 7 juillet 1892.

LE

SECRET DE L'ABSOLU

I

TOUT ET RIEN

Quelque agités que soient les mondes de souffrance, la totalité de leurs clameurs ne fait que renforcer le silence de l'infini, et, pour brillants que soient les soleils, la nuit est faite de toutes leurs splendeurs. Ainsi, malgré la sublimité du sujet, mes folles paroles et ma faible pensée, comme mon nom et mon souvenir, s'anéantiront dans l'éternité faite de tous les cycles. Mais vous, humains, dont j'aime à regarder les yeux même indifférents, à entendre le langage même acerbe, vous dont les énigmes sont faciles et les haines légères, dont je ris le rire et pleure les larmes, mes frères ! si mon faible effort ne fait que profaner l'inexprimable, pardonnez à la bonne volonté d'un humble entre les humbles, et écoutez en vous-mêmes la voix du silence !

Pour tout dire nous n'aurions qu'à nous taire, ne pouvant employer qu'un mot à la fois. Pour tout savoir il faudrait plus que des pensées, notre idée de l'abîme étant faite de nos successifs échecs à le concevoir. Aussi toutes sortes de philosophies ont versé à l'océan du mystère les torrents de leurs spéculations, sans en faire monter le niveau d'une ligne; efforts pourtant moins inutiles qu'il ne semble, puisqu'ils font toucher à l'intelligence les limites de son domaine, et que précisément sur ces frontières infranchissables, les systèmes les moins amis sont le mieux d'accord, sans le savoir. Que le lecteur comprenne ces pages, il ne saura plus dire si tout a commencé ou si rien ne doit finir; il ne pourra plus décider qui a raison du matérialiste ou de l'idéaliste; comme Bouddha interrogé sur l'existence de l'âme, il devra se taire, parce que le SECRET DE L'ABSOLU est la solution de toutes les antinomies. Ce secret pourrait se formuler: $0 = \infty$; et voici comment nous traduirions cette formule, dont nous allons essayer d'éclairer l'obscurité:

Ce qui est à la fois moi et non-moi, esprit et matière, sujet et objet; bien et mal, mouvement et repos, cause et effet, omniscience et inconscience, liberté et fatalité; plein et vide, instant et éternité, point et infini, tout et rien; cela, nous l'appellerions Absolu, si ce pouvait être nommé. Encore ne pourrait-on dire qu'il est cela, étant à la fois l'être et le non-être; et essayer de le louer serait un blasphème aussi vain qu'impie, s'il n'était en même temps et celui qui parle, et celui qui écoute, et la parole même !

Tout et rien ! A peine avons nous prononcé ce dernier mot pourtant si cher à la philosophie contemporaine, que de toutes parts nous entendons s'élever les protestations du sens commun et les anathèmes de l'orthodoxie. Les bourgeois de l'optimisme et des solutions aisées nous accuseront de paradoxe, comme si l'univers était autre chose qu'une vaste antinomie. Les satisfaits nous en voudront de troubler leur somnolence, et ces grands enfants réservés au fouet de l'expérience nous conseilleront de cacher sous l'oreiller d'une alcôve la clef du mystère, ou de la jeter à la mer du scepticisme. Les croyants s'écrieront avec De Maistre: « Plutôt la damnation éternelle que l'anéantissement ! » et se réfugieront dans la grande barbe de Jéhovah, où tous les oiseaux du ciel pouvaient se faire des nids commodes: dieu paternel, que ses adorateurs firent à leur image, pour le prier en des églises discrètement chauffées, à genoux sur des coussins modérément rembourrés: dieu cruel parfois, quand on le réveille, mais que nous pouvons laisser dormir en paix, puisque son sommeil n'a pas endormi le monde.

C'est pourtant en son nom que tant d'érudits missionnaires et d'orientalistes dévots ont fulminé contre l'athéisme chinois ou le Nirvâna bouddhiste, ne sachant prévoir le nihilisme autrement effrayant auquel devait conduire leur anthropomorphisme. Le scepticisme matérialiste qui désole la pensée moderne est la réaction naturelle du théisme qui individualisa la divinité jusqu'au ridicule, de même que l'anarchie suspendue sur nos civilisations est la conséquence inévitable de notre égoïsme exagéré. Les opérations trop hardies de la banque des indulgences, où tant de petits rentiers apportaient leurs économies sur l'autre monde, ont abouti à la faillite de la foi. Le tribunal de la science a jugé cette banqueroute, et a condamné l'homme à périr tout entier dans la corruption de son cadavre, sans pouvoir même se révolter contre un ciel irrévocablement vide. C'était bien la peine qu'un Barthélémy Saint-Hilaire bougonnât contre les théories «monstrueuses» qui prêchent l'anéantissement en Parabrahm (1)

(1) L'Absolu des Védantins. Ce qui est au-delà de l'expansion ; de Para, au-delà, et Brih, s'étendre.

comme fin suprême de nos tendances, ou qu'un père Prémare, perdu dans le dédale de ses propres contradictions, s'écriât avec un comique désespoir : « Qu'on accorde Tchou-hi (1) avec lui-même si l'on veut faire valoir son autorité ! »

Nous avons moins cherché à nous introduire en amis qu'à nous imposer en maîtres chez les Orientaux, sans même nous demander s'ils étaient assez intelligents pour nous trouver ridicules ou assez fiers pour nous haïr. Nous leur avons montré notre orgueil sans bornes avant de leur expliquer l'étendue de notre science. Nous avons commencé par porter la désorganisation dans leurs institutions sociales avant de les persuader de l'équité de nos lois. Nous avons ri de leurs traditions chronologiques avant de découvrir que les nôtres n'en étaient que la caricature. Nous avons fait avec leur art, avec leur littérature, avec leurs usages et leurs religions ,je ne sais quel

(1) Tchou-hi ou Tchou-fou-tzeu, père de la philosophie des Soung (1130 à 1201).

infâme pot-au-feu de denrées coloniales; et c'est à mesure que nous élargissons nos tolérances religieuses et nos conceptions philosophiques, que nous commençons à soupçonner l'envergure de leurs vieux penseurs.

Si pourtant ces pauvres païens avaient connu le précepte qui ordonne de rendre le bien pour le mal, — et ils devraient le connaître, puisqu'il nous vient d'eux,—il y a beau temps qu'ils auraient envoyé des missionnaires pour bâtir à Paris un de leurs temples majestueux et vastes, où le dieu des Occidentaux eût peut-être trouvé place. Ces bonzes auraient rappelé à nos catholiques militants la réponse d'un Tai-koun à son ministre qui se plaignait de l'intrusion des jésuites: « Combien de religions existe-t-il au Japon ?— Trente-deux, sire. — Eh bien, cela fera trente-trois. » Ces lamas auraient été charmés de retrouver dans nos églises leur confession, leurs autels, leurs encensoirs, leurs cloches, leur eau bénite, leur tonsure, leurs dalmatiques, chapes et mitres, et jusqu'à leur sainte-Vierge (1). Ces Chinois nous auraient démontré que la déformation des pieds, qui empêche leurs femmes de marcher, vaut mieux que la déformation des tailles, qui empêche les nôtres de faire des enfants, et que l'usage de l'opium, donnant à l'homme des rêves paradisiaques, est préférable à celui de l'alcool qui le transforme en brute. Ces Pandits auraient traduit nos livres sacrés, le Manuel du parfait chrétien, le Rituel de l'église grecque, le journal « En Avant ! » et l'Imitation de Jésus-Christ que M. Dumas eût pour eux mise en vers. Quelques-uns auraient traité notre psychologie de déformante et notre Bible d'immorale. Mais d'autres auraient découvert que l'histoire des filles de Loth était un mythe, probablement solaire, que l'adultère était puni par nos codes, et qu'il fallait connaître l'Occident avant d'en rire. Ce qui certes aurait étonné par dessus tout ces religieux, c'eût été de s'entendre appeler nihi-

(1) Voyez l'abbé Huc, Marco Polo, Auguste Keane, Elisée Reclus, etc.....

listes et athées, au sens que ces mots possèdent en notre ère savante.

L'antiquité, dont l'histoire est plutôt divine qu'humaine, n'a pas connu la monstrueuse conception du néant. L'Orient, tout pénétré de mysticisme, ignore encore cet inconcevable cauchemar d'un âge grossièrement matérialiste; et d'autre part ses temples remplis de dieux symboliques ne renferment aucun fétiche aussi grossier que les nôtres. Les anciens ne prétendaient pas imposer à l'existence les bornes de leur propre intelligence. Sachant que l'homme est toujours placé entre ses acquisitions antérieures et l'inconnu de l'avenir, que le monde tel qu'il apparaît à l'animal est bien peu de chose auprès de ce que des facultés nouvelles ou des sens perfectionnés nous permettent d'en apprendre, sachant, en un mot, que Tout grandit et se modifie incessamment, ils ne trouvaient pas que Tout fût un terme suffisant pour exprimer l'au-delà d'aucune conscience ou existence partielle; ils annihilaient leurs paroles, leurs pensées et leurs prières dans l'océan sans rivages où toute la connaissance intellectuelle acquise ou possible à l'homme, à l'humanité, ou même à des nébuleuses d'humanités collectives, ne représente qu'une goutte d'eau sans valeur. Pan n'était qu'une divinité secondaire, et comme disait Jean Damascène, l'Etre absolu, Ehieh, « comprenait en soi le Tout, comme un lac de substance infini et indéterminé ». Le Tout que nous pouvons concevoir n'étant qu'une minime partie de l'Etre, à cet abîme d'être ils donnaient le nom de Rien, conception sacrée dont notre idée du néant n'est que la monstrueuse et impensable antithèse. A la lettre, le néant ne peut exister; on ne peut pas nier l'être: barrez le mot, il y aura la tache, et si vous grattez le papier, il restera la déchirure. La négation de la Vie absolue est aussi inutile que le suicide. L'Etre est au-delà de tout, au-delà du néant, aussi les Védantins l'ont-ils appelé Para-brahm. Exagération poétique? Non, mais logique de l'esprit humain qui palpe ses propres limites et reconnaît son imperfection. Car le temps, l'espace et tous les moyens que nous avons de concevoir l'infini ne sont que des modes d'existence, définis dans l'intelligence et dans la matière, et Parabrahm, source de la matière et de l'intelligence, est cependant au delà de l'une comme de l'autre. Sans doute de pareilles conceptions sont faites pour déconcerter nos matérialistes, déjà effrayés par l'infini matériel, et cherchant contre ce spectre pourtant inoffensif l'inefficace abri du positivisme; mais nous leur réservons d'autres audaces et d'autres surprises.

L'Infini, qu'on a appelé un subjectif positif transformé par l'entendement en objectif négatif, ne peut être conçu qu'indirectement ou négativement; aussi la plupart des termes appliqués jadis ou aujourd'hui encore au principe suprême contiennent une particule privative, comme le Wou du Taoïsme, l'Aditi des Vedas, l'Ain-Soph de la Cabale, l'Apéïron d'Anaximandre, l'Absolu, etc... On peut faire voir ce qu'il n'est pas, on ne peut guère dire ce qu'il est, et presque tout les noms qui lui ont été donnés sont logiquement défectueux; la meilleure, ou plutôt la moins mauvaise représentation de l'Infini serait une figure indéfinie, comme le cercle, un terme neutre comme le Tat des Védas, un pur radical comme le Sat (1), ou encore une expression contradictoire comme l'Omnirien. Que l'on conçoive un Dieu comme la cause ou la somme de toute existence, cette conception exclut en effet toute idée d'existence partielle ou personnelle. Dire qu'il est im-mense, im-muable, in-finiment bon, c'est s'interdire, à la lettre, d'évaluer sa grandeur, sa puissance ou sa bonté. Au nom de la logique, Balzac faisait dire à Séraphita que Dieu ayant créé le monde de rien, ou bien n'était pas infini avant cette création ou bien ne l'est plus depuis qu'existe l'œuvre dont il est resté distinct. Au nom de nos misères, Stuart Mill prétendait que si le Créateur est omnipotent, il ne peut être souverainement bon, et réci-

(1) Tat, cela; Sat, racine du mot Etre.

proquement. Lors même que les théologiens auraient pu sortir de ces dilemmes, il leur resterait à affronter celui-ci: ou bien leur Dieu n'est pas absolu, ou bien il ne possède ni qualités ni existence personnelle. Attribuer une qualité à l'absolu, c'est lui imposer une limite, c'est-à-dire le détruire, et c'est le comble de la contradiction que de lui attribuer la personnalité, cette source de toutes les restrictions. L'Absolu est tout ou rien; le monothéisme doit se résoudre en panthéisme, et Jéhovah se résorber en Parabrahm. Bien plus, l'Absolu est tout et rien: qu'est-ce en effet que l'Absolu, sinon ce qui est trop infini pour être grand, trop éternel pour durer, trop parfait pour être beau ni bon, en un mot, trop tout pour être quelque chose? Spinoza démontrait l'existence de Dieu par un raisonnement fameux: Dieu est conçu comme parfait, or la perfection implique l'existence, donc Dieu existe. Il est facile de retourner cet argument à deux tranchants; si Dieu est parfait, il ne peut exister, car tous les êtres passent, par cela même qu'ils existent, et tous les êtres sont imparfaits, par cela même qu'ils sont des êtres. « L'Absolu n'existe pas, il Est » disait Buddha. On ne peut pas même dire qu'il existe ou qu'il n'existe pas, ces deux idées étant complémentaires, et toute idée étant inadéquate. Si on le conçoit comme pur esprit, il est limité par la matière; si on le conçoit comme cause, il est limité par l'effet; si on le conçoit comme l'être absolu, il s'annihile aussitôt dans le non-être. Tous les raisonnements aboutissent finalement au monisme panthéiste, et la base de cette philosophie est la conception de l'Etre-non-être.

II

VOYAGE À TRAVERS LES SIECLES (1)

CETTE conception éclaire d'une vive lumière la philosophie de l'antiquité la plus reculée, et son éclat est tel, que quelques penseurs modernes ont pu l'entrevoir à travers les brouillards de la métaphysique occidentale. Après avoir laissé la parole au passé, nous recueillerons les faibles échos de la vérité dans notre siècle; puis, l'étude du chemin parcouru dans l'intervalle nous permettra d'établir le secret de l'Absolu comme base de la philosophie à venir.

(1) Le lecteur pourra passer ce chapitre et y revenir après avoir lu le reste de l'ouvrage. Les citations qu'il renferme sont collationnées d'après les meilleures traductions.

L'école mystique de Lao-tzeu (1) désignait l'Absolu par le terme Tao, adopté par presque tous les systèmes du céleste empire, et identique au To des Shintoïses japonais. Voici comment s'exprime à ce sujet l'auteur du Tao-té-king:

« La raison dont on peut raisonner n'est pas la raison éternelle et immuable: le nom qu'on peut nommer n'est pas le nom éternel et immuable. Nommé Wou (non-être), c'est le principe du ciel et de la terre; nommé Yeou (être) c'est la mère de toutes choses.

« Or l'éternel non-être veut contempler sa nature spirituelle; l'être éternel veut contempler sa nature phénoménale. Tous deux émanent simultanément, mais sont nommés diversement: ensemble on les appelle Hiouan (l'insondable).

« Lorsque dans le monde la beauté fut reconnue belle, aussitôt il y eût la laideur: quand la bonté fut reconnue bonne, aussitôt

(1) Fondateur du Taoïsme, une des trois grandes philosophies religieuses de la Chine (VIIe siècle av. J.-C.)

il y eut le mal. De même s'engendrent mutuellement l'existence et la non-existence.

« Le retour au non-être produit le mouvement du Tao... Toutes les choses sont nées de l'être: l'être est né du non-être...

« Le Tao a produit un, un a produit deux, deux a produit trois, trois a produit tous les êtres. Tous les êtres fuient le Yin (principe passif) et cherchent le Yang (principe actif). Un souffle immatériel, Khi, (la vie) forme l'harmonie » (1).

Ces quelques lignes suffisent à nous enseigner le double aspect de l'Absolu, l'identité de l'être et du non-être, l'harmonie des contraires, et la succession éternelle des jours et des nuits cosmiques. Wou et Yeou représentent, outre le non-être et l'être, les prototypes de la subjectivité et de l'objectivité. Car, d'après le commentateur Sie-hoeï, « l'être et le non-être ne sont que la substance et l'essence du principe suprême. Son essence est vide, immatérielle, insaisissable par les organes

(1) Tao-té-king, 1, 50, 52.

des sens. Avant que les êtres corporels eussent commencé à exister, on ne pouvait parvenir à nommer le principe suprême. » Autrement dit, l'Absolu ne peut exister que par l'existence de relatifs quelconques possédant nom et forme. « L'être immatériel s'étant transformé et mis en mouvement, il sortit de l'état de non-être, et il fut; et ainsi le nom fut appliqué à l'être, on à l'existence corporelle.. » Depuis que rien est devenu tout, tout est dieu. « Quelques personnes doutent que le nom d'éternel non-être soit applicable au Tao. Elles auraient dû considérer qu'outre ce mode d'exister, le Tao est encore appelé du nom d'être... C'est par opposition à son état de non-être qu'il est ainsi désigné. » Un autre commentateur, Ho-chang-koung, dit aussi : « Le Tao est la limite du chaos et de l'origine primordiale non encore divisés. A l'époque où le Yin et le Yang n'étaient pas encore séparés, il n'y avait ni ciel ni terre, pour former ensemble l'image (l'univers phénoménal); ni soleil ni lune, pour former ensemble la lumière; ni principe mâle ni principe femelle, pour former ensemble le souffle vital. Le non-être, origine du ciel et de la terre, c'est le Grand Extrême, Thaï-ki (1), à l'époque où il n'était pas encore divisé: l'être, c'est le Grand Extrême divisé dans ses perfections... Etre existant dans le vide, dans le vide qui possède une existence réelle, et dont l'existence a précédé celle du ciel dans l'espace qu'occupe le ciel... L'être et le non-être ne font qu'un: ils subsistent ensemble, immobiles comme deux montagnes, et forment le trône du ciel et de la terre. L'intelligence de l'homme, sa faculté de connaître, son principe pensant, appartient au non-être, à l'élément spirituel; et tous les êtres animés par le feu primordial vivifiant, par l'élément éthéré, qui sont mobiles ou doués de mouvement, appartiennent à l'être, à l'élément vital matériel. »

(1) De Tha, grand et Ki, faitage ou poutre qui termine le toit d'une pagode. Le mot Thaï-ki contient les idées de grandeur, de limite, d'extrémité, de sublimité et d'achèvement ou perfection. C'est la limite suprême (de nos conceptions).

Kouan-yun-tzeu, contemporain du Maître, insiste sur ce point que l'Absolu n'est pas seulement le non-être ou l'extrême limite de l'être et de nos conceptions, mais aussi la base du relatif et l'unité de chaque existence distincte. Aussi s'occupe-t-il moins du Tao négatif que de l'unité primordiale (Thaï-y), et des moyens de la connaître en nous-mêmes. Sans la connaissance de Thâï-y nous ne connaissons rien de reél, dit-il, mais celui qui connaît Thaï-y connaît toutes choses. Car si nous occupons un seul lieu dans l'univers, si nous formons un seul être, il en est de même des autres unités. Les êtres peuvent communiquer entre eux, ou se combiner pour former de nouveaux êtres, parcequ'au fond tous les êtres ne sont qu'un. Le célèbre Liĕ-tzeu (398 avant J. C.) auteur d'une morale épicurienne et d'un système profondément métaphysique, dans son livre « du Vide et de l'Incorporel », donne au Tao le nom de Thaï-yih, grand changement ou mélange, chaos; le chaos, en se transformant, produisit Thaï-y, l'unité primordiale, d'où naquit la trinité de Thaï-chou, l'esprit primordial, Thaï-tsou, la matière spirituelle, et Thaï-chi, la forme. Il est à remarquer que dans ces spéculations il n'est jamais question de création; mais seulement de division (Fên-pien). De même, la mort n'est qu'une dissolution, après laquelle les divers constituants retournent à leurs sources.

Le Thaï-yih nous fournit la transition entre le Taoïsme et le Confucianisme. Le Yih est le point de départ de la philosophie de Koung-tzeu (1), et le Yih-king ou traité des transformations, est le plus estimé et le plus important des cinq King ou livres sacrés qui nous ont été transmis par ses soins. Les appendices nous apprennent comment ont été composées les figures de Fou-hi: « Dans le Yih (chaos), il y a le Thaï-ki (grand extrême) qui a produit les deux E (formes élémentaires) (2); les deux E ont produit les quatre

(1) Confucius, père de la philosophie des Lettrés. Contemporain de Lao-tzeu, mais plus jeune.

(2) —— et —— ——.

Hsiang (symboles) (1) qui à leur tour ont produit les huit Koua (trigrammes) (2)... Par l'investigation minutieuse de la nature et des raisons d'être des choses, nous découvrons ce qu'elles ont d'insondable et de spirituel, et par là nous apprenons au plus haut point leur application pratique. Quand cette application nous est devenue facile et rapide, et que nous avons obtenu le repos complet de la personnalité, notre vertu se trouve exaltée. Au-delà, on atteint un état qu'il est presque impossible de comprendre. » Ces paroles nous montrent que le non-être Nirvânique n'était pas inconnu du prophète des lettrés. Mais son école, essentiellement positiviste et pratique, s'occupe moins des principes que de leurs applications, et c'est surtout dans le Néo-Confucianisme que nous allons retrouver des conceptions se rapprochant de celle de Lao-tzeu.

(1) ⚌, ⚍, ⚎, ⚏.

(2) Exemples : ☷, ☳, etc. De là naissent les 64 hexagrammes, comme ䷖, ䷗, etc., etc... que nul n'a encore pu interpréter.

Wang-pi, célèbre commentateur mystique du Yih, qui fonda la philosophie divinatoire au troisième siècle de notre ère, définit le Thaï-ki en ces termes: « L'existence devant procéder de la non-existence, Thaï-ki produisit les deux formes élémentaires. Thaï-ki est le nom de ce qui ne peut-être nommé; mais comme toutes les choses doivent avoir une extrémité, on l'appelle le Grand Extrême. » Khung-ying-tâ identifie le Thaï-ki avec le Tao de Lao-tzeu, et Tchouang-tzeu appelle le Tao prédécesseur de Thaï-ki.

Voici, d'après Balfour (1), un passage de Tchouang-tzeu qui montre que l'esprit s'égare à chercher de dépasser ses propres frontières: « Il y eut un temps où toutes choses eurent un commencement. Le temps même où il n'y avait pas de commencement commença lui-même. Il y eut un commencement au temps où le temps qui n'avait pas de commencement n'était pas commencé. Il y a l'existence et il

(1) Religious systems of the World.

y a la non-existence. A l'époque qui n'eut pas de commencement il n'existait rien. Quand l'époque qui n'eut pas de commencement n'était pas encore commencée, alors aussi il n'existait rien. Soudain, rien exista; mais on ne peut savoir, en ce qui concerne l'être et le non-être, ce qui existait certainement et ce qui n'existait pas. »

Thaï-ki est le principe suprême des philosophes Soung ou néo-confuciens: mais au-delà de la grande limite de nos conceptions, ils admettaient l'être négatif, absolument exempt de limites; car Tcheou-Lien-ki (1017-1073) fondateur de cette école, commence sa description du Thaï par ces mots importants: « Il y avait Wou-ki (l'illimité), puis il y eut Thaï-ki, (la grande limite) ». Nous retrouvons bien ici le non-être de Lao-tzeu, et cette conception domine toute la philosophie des Soung, qui peut se résumer dans cet extrait de Tchou-hi, le plus célèbre de ses Maîtres:

« Spirituellement, nous ne devons pas appeler le Thaï-ki être; et matériellement, nous ne devons pas l'appeler non-être. Son nom vient de l'idée de suprême pivot. Les sages l'ont appelé Thaï-ki, indiquant par là qu'il est la racine du ciel, de la terre et de toutes choses. Thaï-ki est tout à fait le point extrême, au-delà duquel nous ne pouvons aller, le plus haut, le plus beau, le plus subtil, le plus divin, surpassant tout. Chou-tzeu l'a appelé Wou-ki, pour exprimer qu'il est immatériel, sans odeur ni son, et parce qu'avant la manifestation, on ne pouvait l'appeler Thaï-ki. Afin qu'on ne croie pas qu'il a une forme corporelle, Lien-ki l'a appelé Wou-ki et Thaï-ki (l'illimité et la limite suprême).

« Les cinq éléments forment un seul Yin-yang. Le Yin et le Yang forment un Thaï-ki, et la racine du Thaï-ki est Wou-ki. Celui-ci doit être regardé comme la période où il n'y avait ni Yang, ni Yin, ni Thaï-ki. Le mouvement et le repos sont le mouvement et le repos de Thaï-ki: et pourtant le mouvement et le repos ne sont pas Thaï-ki. Nous pouvons dire que

2

la lumière et l'obscurité sont également bonnes, aussi bien qu'attribuer le bien à la lumière et le mal à l'obscurité. Le bien et le mal sont tous deux des principes célestes, et nous ne pouvons dire que le mal ne fasse pas partie de la nature. Aussi le Yih Chuen dit que la lumière seule ne peut compléter Lî (l'Esprit, le Verbe).

« Au commencement était le Verbe (Lî), avant l'existence d'aucune chose. Quand il exista, il remua et engendra la lumière, se reposa et engendra l'obscurité. S'étant reposé jusqu'à l'extrême limite, il remua de nouveau; et ayant remué jusqu'à l'extrême limite, il se reposa de nouveau, tournant ainsi en un cercle perpétuel. Ce Verbe (Lî) étant ainsi en réalité éternel, la Vie (Khî) lui est aussi perpétuellement unie. Thaï-ki est Lî. Ce qui se meut et se repose est Khî... Depuis qu'ont existé le ciel et la terre, cette révolution a eu lieu: le jour aussi a sa révolution, et l'année a sa révolution; c'est toujours cette même chose qui tourne.

« Avant que Thaï-ki ne remuât, il n'y avait qu'obscurité; et au milieu du repos et de l'obscurité existe spontanément la racine de la lumière; comme au milieu de la lumière et du mouvement il y a la racine de l'obscurité. Thaï-ki en se remuant engendra la lumière; parvenu au comble du mouvement, il se reposa, et son repos engendra l'obscurité. Le mouvement et le repos n'ont pas de commencement.

« Thaï-ki se divisa et devint les deux souffles (Yin et Yang); ce qui se meut est lumière, ce qui se repose est obscurité; il se divisa et devint les cinq souffles (les éléments); il s'éparpilla, et devint les myriades des choses.

« Thaï-ki n'est pas quelque chose à part (en dehors). Il est le Yin et le Yang et il est dans le Yin et dans le Yang; il est les cinq éléments et dans les cinq éléments, il est les myriades de choses et dans les myriades de choses. Il n'y a qu'un Thaï-ki, mais chacun des myriades d'êtres a en lui un Thaï-ki entier et complet: de même qu'il n'y a qu'une lune au ciel, mais on la voit dans chaque rivière et chaque canal. La génération des grandes choses, comme le ciel et la terre, et celle des petites, comme les fourmis, est la même. Pour comprendre la racine de Yin et de Yang nous ne devons pas montrer les choses existantes et les appeler lumière et obscurité; nous ne devons pas non plus chercher celles-ci quelque part en dehors des choses visibles. Chaque personne et chaque chose a son Thaï-ki. » (1)

Tout commentaire serait superflu en présence de ce grand extrême philosophique; jamais la pensée occidentale ne s'est élevée à cette hauteur. L'être et le non-être sont identiques. Il n'y a pas de causes premières ni finales. L'existence ne repose que sur des contrastes qui s'identifient dans l'Absolu. La raison d'être de l'existence ne doit pas se chercher en dehors ni au-delà de l'univers: elle est la même dans l'infiniment petit que dans l'infiniment grand; les atomes naissent de la même manière que les astres, et c'est au fond

(1) Thaï-ki-thou-chouo, passim.

de nous-mêmes qu'est le secret de l'Absolu.

Si de la Chine nous passons à l'Inde, nous trouvons ces vérités exprimées de tant de manières différentes que nous serons forcés de choisir au hasard quelques citations parmi des milliers d'autres. Commençons par la plus vénérable des philosophies antiques, et glanons dans le Rig Véda :

« Il n'y avait alors ni être ni non-être, ni ce monde, ni le ciel qui est en haut. Qu'est-ce qui enveloppait (le monde) ? Où était-il, qui en jouissait ? Où était l'eau, l'abîme profond ?

« Il n'y avait alors ni mort, ni immortalité, ni distinction de la nuit et du jour. Cela (Tat) seul respirait tranquillement, ne produisant aucun souffle, enveloppé en soi-même.

« Au commencement l'obscurité était enfouie dans l'obscurité. Tout n'était qu'un rien indistinct. L'être reposait au sein du chaos, et le grand Tout naquit en vertu de son sacrifice.

« Au commencement naquit en lui le désir, qui fut le premier germe de l'esprit. Les sages, cherchant avec leur intelligence, ont trouvé que c'était le lien entre l'être et le non-être.

« Où émanèrent ces rayons ? Au centre, en haut ou en bas? Alors naquirent ceux qui pouvaient féconder, et ceux qui devinrent de puissants objets. En bas il y eut le principe qui se supporte lui-même, et en haut le pouvoir.

« Qui sait en vérité, qui peut déclarer d'où est sortie cette création ? Les dieux sont postérieurs à la création de l'univers. Alors d'où vient cette création ? Qui sait d'où a jailli cet univers immense, s'il a été créé ou même s'il n'a pas été créé ? Lui seul le sait, peut-être ne le sait-il pas. » (1)

« Le non-être et l'être sont dans le ciel suprême, au lieu de naissance de Daksha, dans le sein d'Aditi. » (2)

« Dans un âge antérieur des dieux, l'être naquit du non-être. » (3)

(1) Rig Véda, X.

(2) Id. X, 5, 7.

(3) Id. X, 72, 2.

Nous avons donc un principe suprême et neutre, Tat, à la fois être et non-être, au sein duquel existe Aditi, littéralement l'Ab-solue; Aditi a sept fils, qui sont elle-même, et est identifiée avec chacun d'eux dans divers passages, tantôt avec Daksha (1) ou Aryaman, (2) tantôt avec les Açwins, les jumeaux, les cavaliers, représentant le soleil et la lune, le jour et la nuit, le ciel et la terre, le matin et le soir, en un mot, les paires d'extrêmes. Aditi est à la fois le père et la mère (3), et tous les Adityas. (4) « Aditi est le ciel et l'azur; la mère, le père et le fils. Tous les dieux sont Aditi, ainsi que les cinq tribus. Le passé est Aditi, et Aditi est l'avenir. » (5) En un mot Tat et Aditi sont l'aspect Rien et l'aspect Tout de l'Absolu. Nous trouvons la même doctrine dans les lois de Manu:

« Cet (univers) existait sous forme d'obs-

(1) Rig Véda, X, 72, 4.
(2) Id. VII, 93, 7.
(3) Id. I, 24, 1.
(4) Id. VI, 51, 5.
(5) Id. I, 89, 10.

curité imperceptible, dépourvue de marques, impensable, inconnaissable, comme enfouie dans un profond sommeil.

« Alors l'Etre divin qui existe par soi-même, indistinct, mais qui rend distinct ceci, les grands éléments et le reste, apparut avec une irrésistible puissance, chassant l'obscurité.

« Le Divin résida dans l'œuf pendant toute une année, puis il le divisa en deux moitiés par sa propre pensée.

« Afin de distinguer les actions, il sépara le mérite du démérite, et fit en sorte que les créatures fussent affectées par les paires (d'antinomies) comme la peine et le plaisir.

« Divisant son propre corps, le seigneur devint moitié mâle et moitié femelle.

« Quand celui dont le pouvoir est incompréhensible eut ainsi produit l'univers et moi, il disparut en lui-même. Il supprime indéfiniment une période par une autre. Quand le Divin s'éveille, alors ce monde remue; quand il dort tranquillement, l'univers s'enfonce dans le sommeil. Ainsi l'Impérissable, s'éveillant et s'endormant tour à tour, vivifie et détruit sans cesse toutes choses mobiles et immobiles. » (1)

On lit dans la Bhagavad Gita :

« Je suis le père de ce monde, sa mère, son époux, son aïeul. Je suis la naissance et la destruction. Je suis l'immortalité et la mort, l'être et le non-être... plus vénérable que Brahma, le premier créateur, l'infini, le seigneur des dieux, l'indivisible être et non-être, et ce qui est au-delà.

« Brahma, sans commencement et suprême, ne peut être appelé ni un être ni un non-être : il réside dans le monde, qu'il embrasse tout entier. Il illumine toutes les facultés sensitives, sans avoir lui-même aucun sens ; détaché de tout, il est le soutien de tout ; sans modes, il perçoit tous les modes. Intérieur et extérieur aux êtres vivants ; également immobile et en mouvement, indiscernable par sa subtilité et de loin et de près ; sans être

(1) Lois de Manu, 5, 6, 12, 26, 32, 51, 52, 57.

partagé entre les êtres, il les absorbe et les émet tour à tour. Lumière des corps lumineux, il est par delà les ténèbres. Science, objet de la science, but de la science, il est au fond de tous les cœurs. » (1)

Parcourons rapidement les Upanishads:

« Le Soi, sans remuer, est plus rapide que la parole: il bouge et ne bouge pas; il est loin et il est près; il est en tout et hors de tout. Celui qui voit tous les êtres dans le Soi et le Soi dans tous les êtres, connaît à la fois la science et l'ignorance. (2)

« Le Soi connaisseur n'est pas né et ne meurt pas: il n'est sorti de rien; rien n'est sorti de lui: plus grand que la grandeur, plus petit que la petitesse, il est caché dans le cœur de la créature. Celui qui a perçu ce qui n'a pas de son, de toucher, de forme, de décrépitude, de goût, ce qui est éternel, sans odeur, sans commencement ni fin, au-

(1) Bhagavad Gita, IX, 16, 17, 18; XI, 36; XIII, 12 13, 14, 15, 16, 17.

(2) Vagasaneyi-samhita.

delà de la grandeur et immuable, est délivré des mâchoires de la mort... Ce qui est ici (visible en ce monde) est là (invisible en Brahma); et ce qui est là est ici... Tous les mondes sont contenus en lui, et il n'y a rien au-delà. Le soleil n'y brille pas, ni la lune ni les étoiles, ni ces éclairs, et encore moins ce feu. Quand il brille, tout brille après lui; par sa lumière tout ceci est éclairé. (1)

« En lui est concentré tout ce que nous connaissons comme être et non-être. Il est devant et derrière, à droite et à gauche, en haut et en bas. (2)

« Au commencement ceci était non-existant, et de là naquit tout ce qui existe. Il devint manifesté et non-manifesté, défini et non défini, supporté et non-supporté, conscient et inconscient, réel et irréel. (3)

« Le Soi doit être décrit par Non, Non ! (4)

(1) Katha.

(2) Mundaka.

(3) Taittiriyaka.

(4) Brihadaranyaka.

« Brahma doit se concevoir à la fois comme verbe et non verbe. (1)

« Avant (le commencement), mon fils, il y avait le pur état d'être (Sat). D'autres disent : Avant, il y avait le non-être, unique et sans second : de ce non-être procède l'état d'être. Mais en vérité, mon fils, comment cela se peut-il ? Comment l'être peut-il procéder du non-être ? Avant, ceci était pur état d'être, unique et sans second. Il voulut (littéralement, il vit) : je me multiplierai et je naîtrai. » (2)

Ces profondeurs métaphysiques n'étaient pas ignorées des systèmes secondaires. « Quand le Yogui s'est identifié avec l'infini, » dit Patanjali, « il n'est plus assailli par les antinomies (Dvandva). Son Karma (3) n'est plus ni pur ni sombre. » (4) Et Gotama établit logiquement l'existence du non-être : « Le passé et le futur ne peuvent se soutenir que par référence mutuelle. S'il n'y avait pas de pré-

(1) Maitreya.

(2) Kandogya.

(3) Balance du mérite et du démérite.

(4) Yoga, II, 48 ; IV, 7.

sent, il n'y aurait cognition de rien, car la perception serait impossible. — La non-existence, dira-t-on, n'est pas une cause de notion juste, puisque nul objet d'une telle connaissance n'existe. — La non-existence a pour objets de juste connaissance les objets qui n'ont pas de caractéristiques. Si vous dites que là où la chose n'existe pas, sa non-existence n'existe pas, cela n'est pas vrai : car la caractéristique peut exister ailleurs; (et même la non-existence peut servir de caractéristique), car elle existe par rapport à la présence de la caractéristique (dont elle est l'absence). Et nous trouvons la non-existence antécédente à la production (de sa contre-entité). » (1) De même, la première des catégories du système Vaiceshika de Kanada est la non-existence (Abhâva), et le point de départ de la philosophie Sankhya de Kapila est le non-manifesté (Avyaktam).

Nous ne dirons rien des Pûranas, où l'on trouverait un volume de citations. En résu-

(1) Nynayasutras.

mé, cette doctrine de l'identité de l'Etre absolu et du non-être est la base de toutes les écritures antiques, même lorsqu'elle n'est pas exprimée, comme dit l'auteur du Kaivalyanavanita : « Brahma ne peut être déterminé, n'ayant pas d'attributs. Il ne peut être atteint par les mots. La fiancée disait: — Ce n'est pas lui — de tous ceux qui n'étaient pas son mari. Mais dès qu'on l'interrogea en lui montrant son bien-aimé, elle rougit et resta muette. Ainsi les Védas, repoussant un à un tous les principes, déclarant: — Ce n'est pas ceci, ce n'est pas cela, — proclament, sans en parler, le résidu ultime, Parabrahm. » (1)

« La loi de Buddha, » dit le Lalita Vistara, « n'est pas du domaine du raisonnement. Elle met de côté tout aggrégat, elle empêche toutes les sensations, elle est sans demeure. C'est la nature froide sans prise de possession: on ne l'a pas fait connaître, il ne faut pas la faire connaître. Elle est en dehors des idées, a complètement dépassé les cinq objets des

(1) Kaivalyanavanita, II, 7, 9.

sens, ne délibère pas, n'hésite pas, est ineffable, n'a pas de son, n'a pas de voix, ne peut être articulée, ne peut être enseignée, est irréfutable, a dépassé complètement tout appui. Calme, elle est vacuité (Çoûnyatâ), ne prenant rien pour appui, ayant empêché le désir, sans passion, c'est l'empêchement, c'est le Nirvâna. »

Il faut se souvenir que, par un double sens ou jeu de mots intraduisible que l'on perd trop souvent de vue dans l'interprétation des textes bouddhistes, Dharma, la loi, signifie en même temps la Nature spirituelle ou Substance primordiale, Prakriti, identique au Vide par sa raréfaction.

« La roue de la loi est sans demeure, sans étendue, sans naissance, sans origine, isolée: par sa propre nature, vide; ni prise, ni rejetée, sans signe ni marque, non interrompue ni perpétuelle; toujours égale à l'Akâça, incompréhensible, complètement délivrée de l'être et du non-être. »

On arrive au Nirvâna par l'abandon successif des liens qui nous enchaînent à l'existence limitée. Il faut se débarrasser d'abord de ses passions, puis de ses pensées, oublier ensuite le bonheur même, et enfin, est-il dit quelque part, « oublier même que l'on a oublié ». Voici comment le Lalita Vistara peint cet élargissement progressif de l'être.

« Le Bôdhisatva ayant surmonté l'opposition du démon, dompté l'ennemi et complètement triomphé en tête du combat; entouré de parasols, d'étendards et de bannières déployées, atteignit la première contemplation, détachée des désirs, des lois du péché et du vice, accompagnée de raisonnement, de jugement, de discernement, de joie et de bien-être, et il y demeura.

« Par la suppression du raisonnement et du jugement, par l'apaisement du for intérieur, par la soumission de l'esprit à l'unité, il atteignit la seconde contemplation, douée de joie et de bien-être, et il y demeura.

« Par suite du détachement de la joie, indifférent, ayant la mémoire et la connaissance, il atteignit la troisième contemplation sans joie, et il y demeura.

« Par l'abandon du plaisir et de la douleur, et même des joies et tristesses d'autrefois, il atteignit la quatrième contemplation, épurement complet de l'indifférence et de la mémoire, et il y demeura. »

On lit dans le Dhammapada: « J'ai parcouru sans rien trouver un cycle de renaissances nombreuses, à la recherche du Constructeur de l'édifice (Mara): douloureuse est une continuelle réviviscence ! Mais, Constructeur de l'édifice, je te connais à présent: tu ne construiras plus. Brisées sont toutes les attaches, rompu aussi ton faîtage ! En même temps qu'à la désagrégation définitive, ma pensée est arrivée à la totale extinction du désir... Il n'est point de malheur tel que l'existence individuelle, de bonheur supérieur à la quiétude... Celui qui a secoué ici-bas les deux chaînes, celle du bien et celle du mal, qui est pur, exempt de douleur et de passion, celui-là, je le dis un Brâhmana ».

Et dans le Sutra en 42 articles: « Quand les Bhixus initiés ont supprimé les désirs, connu à fond leur propre esprit, pénétré le sens profond de la loi du Buddha, la non-composition, et que par ce moyen ils en sont venus à ne rien obtenir, à ne rien rechercher, à n'être point liés par la Voie, ni embarrassés par les affaires, à ne point penser, ne point agir, ne point méditer, ne rien manifester au dehors, ne s'attacher à rien, en sorte que, par leur propre nature, ils s'élèvent à un état supérieur et merveilleux, c'est en cela que consiste ce qu'on appelle la Voie ».

Le Vajra Chedika Sûtra contient un chapitre intitulé: « De l'impossibilité d'exprimer en aucuns mots ce système philosophique: ce qui peut être ainsi exprimé n'est pas d'accord avec nos doctrines. » Beal y relève les passages suivants: « La Loi qui peut être expliquée en paroles n'est pas la Loi, mais un vain mot... Celui qui me cherche par une forme matérielle ou un son qu'on puisse entendre, s'égare, et ne verra jamais Tathâgata (1)... L'homme qui parle de Tathâgata comme allant ou venant, assis ou couché, ignore le secret de mon système. Car Tathâgata n'a pas d'endroit d'où il puisse venir ni où il puisse aller: et c'est pour cela qu'on l'appelle Tathâgata. »

Le Surangama Sûtra démontre par les raisonnements suivants l'identité de l'être et du non-être:

« Dès que l'on affirme que l'espace et la matière sont capables d'union, l'espace devient un attribut de la matière, et une connexion nécessaire naît entre les contraires, comme la vie et la mort.

« Supposez la matière réduite en poussière impalpable, puis encore triturée maintes et maintes fois, jusqu'à ce que sa nature soit apparemment détruite et qu'elle devienne impalpable et immatérielle (raréfiée à l'infini). Cette poussière impalpable peut-elle se compa-

(1) L'Esprit du Bouddha, et par extension, l'Esprit universel, Atma.

rer à l'espace ? Si oui, il faut reconnaître que l'espace peut produire la matière.

« Or, puisque vous me demandez si les divers changements phénoménaux de la nature ne seraient pas le résultat de l'harmonieuse union des éléments, observez cette poussière impalpable, et laissez-moi vous demander si par un mécanisme quelconque ou par son union avec l'espace, elle peut résulter en la production d'un objet matériel ?

« Si, au moment où la matière s'unit avec l'espace, l'espace cesse d'exister, et si, quand l'espace s'unit avec la matière, la matière cesse d'exister ; et si pourtant la matière, par réduction et trituration (raréfaction), est de la nature même de l'espace, comment peut-il y avoir union, ou comment peut-on dire que l'espace s'unit à l'espace ?

« Dès le début vous avez ignoré que dans la mystérieuse nature de Tathâgata, ce qu'on appelle matière et ce qu'on appelle espace sont si intimement unis que l'un partage de la nature de l'autre, qu'ils ne peuvent être séparés, qu'ils forment une seule substance parfaitement pure, inconditionnée et homogène, partout diffuse à travers l'univers phénoménal. Chaque créature comprend ce mystère suivant l'intelligence individuelle résultant de ses actions antérieures.

« Au sein de l'être mystérieux du Tathâgata, la nature du feu est identique est à celle de l'espace. Il en est de même de l'eau et du vent. La nature de l'espace vide (Akasa) est sans forme: c'est la matière qui le rend visible.

« Le vide (que l'on fait en creusant la terre) ne vient ni de la terre, ni de l'acte d'excavation, ni de l'outil employé. Mais il est complet, partout diffus dans son essence, incapable de mouvement ou d'agitation; c'est un des éléments, comme l'eau, le feu, le vent et la terre. Ils sont également diffus dans la nature, et tous, comme dans l'être mystérieux du Tathâgata, incapables de naissance ou de mort.

« Dans cet être mystérieux l'état de sagesse (Bôdhi) est le même que son vide substantiel, et l'état de vide le même que sa sagesse substantielle, toujours pur et inconditionné, universellement diffus, mais manifesté dans tel endroit par la puissance de Karma (1), ainsi qu'un puits est manifesté en tel endroit, mais pourrait l'être n'importe où.

« De même qu'en reconnaissant la sagesse suprême, on connaît l'ignorance: ainsi par la présence de la matière, nous acquérons la connaissance de l'espace.

« Les idées de lumière et d'obscurité proviennent de la vue par les yeux. Dans l'être mystérieux du Tathâgata, la lumière et l'obscurité, la vue et la connaissance dérivée de la perception, sont une seule et même chose. Et si les phénomènes extérieurs et la vue disparaissent, l'espace aussi n'est rien, car l'espace étant l'opposé de la matière, s'il n'y a pas de matière il ne peut y avoir d'espace.

« Il en est de même de l'ouïe et de l'intellect: on ne peut dire que la connaissance et

(1) La loi de causalité.

le jugement qui en résultent soient engendrés d'eux-mêmes ni évolués de notre propre conscience. La connaissance, comme les six autres pouvoirs, est une partie de l'être mystérieux du Tathâgata.

« Ananda, c'est parce que vous n'avez pas compris cela que vous faites des questions sur l'identité, les ressemblances et les différences. L'idée de distinction est née de l'abstraction de l'idée d'une flamme d'avec sa splendeur; l'idée d'identité naquit naturellement de l'idée de différence, et de la conception d'identité et de différence résulta l'absence d'identité et de différence; et ainsi naquirent les classifications et confusions infinies du langage, et les théories et exposés laborieux de l'ordre du monde.

« De même que l'espace tolère les apparences phénoménales, l'être mystérieux du Tathâgata qui pénètre l'univers, tolère les qualités que vous avez nommées. Seule son unité est infinie dans sa réalité, et une bien qu'infinie: grande même dans les petites choses, petite même dans les grandes: présente dans un cheveu, et embrassant les mondes infinis... Elle n'admet ni identité ni opposition, et pourtant elle n'exclut ni l'une ni l'autre. »

Pour en finir avec les textes bouddhistes, nous recommandons à la méditation du lecteur cet appel à la conciliation suprême de Jin-Chau dans son « Lotus sur la bonne loi » (1).

« Quand l'état d'équilibre et d'harmonie existera parfaitement, un ordre heureux règnera au ciel et sur la terre, et toutes choses seront nourries et florissantes. Aussi Sâkya-muni (2) opposa à l'erreur la déclaration de la

(1) « Fah-kai-on-li-to. « Le Révérend S. Beal traduit par : « Le Cosmos bouddhiste illustré. » — Non seulement on n'a pu établir l'autorité relative des innombrables textes, à cause des altérations qu'ils ont dû subir à l'époque de la transmission orale, et des remaniements auxquels ils ont été soumis lorsqu'ils eurent été fixés par l'écriture, mais encore, comme le montre très bien M. Burnouf dans son « Introduction à l'histoire du Bouddhisme indien », on n'a pu déduire la signification des termes métaphysiques les plus importants. Ainsi le mot Sanskâra est traduit tantôt par concept ou par combinaison d'idées, tantôt par com-

(2) Un des noms de Bouddha.

vraie loi d'équilibre, et illumina le monde de sa doctrine. Combien cette méthode diffère de la pratique courante des philosophes du monde ! Ils rejettent le seul vrai point de vue, voudraient que tous les hommes leur ressemblent, et enseignent le mépris de ceux qui ne sont pas de leur avis. Ils embrassent une opinion déterminée, et méprisent dès lors l'opinion contraire. De là résultent toutes sortes d'assertions dogmatiques et de contradictions. De là viennent les qualités opposées de l'amour et de la haine, la partialité pour ce qui est déclaré seul bien, en contradiction avec ce qui est appelé mal, et toute la série des punitions et récompenses. Mais notre sage parfaitement illuminé est venu par pitié instruire

posé ou effet d'une cause. Il est probable que le sens métaphysique se double souvent d'un sens éthique : c'est le cas pour Dharma (Fah-kai) qui signifie à la fois la loi et la nature. De même le cœur (Atman) ou l'être mystérieux du Tathâgata n'exprime pas seulement l'Esprit du Bouddha, mais aussi l'Esprit universel ou Logos, et est identique au Paramatma des Védantins. Bien peu d'esprits ont compris le sens même relatif de ces termes de métaphysique transcendante : il faudrait être initié pour comprendre leur sens ésotérique.

le monde, harmoniser ces sentiments opposés, et produire la paix.

« Les hommes, il est vrai, diffèrent naturellement dans leurs capacités de recevoir la vérité, et de là naissent les divers aspects de la vérité répandus dans le monde. Les uns insistent sur la réalité de la matière, d'autres disent que tout est vide. Les premiers ne sont pas loin de la vérité, les seconds sont dans la bonne voie, mais ni les uns ni les autres n'ont absolument raison, car voici les paroles bienfaisantes de la vraie sagesse: — La matière et le vide sont un. — Voilà l'équilibre réconciliateur. Il y en a qui croient que toutes choses sont identiques, d'autres qu'elles diffèrent. La première théorie est incomplète, la seconde est indistincte, mais voici la bonne parole: — L'identité des choses est une identité de différences, et leur différence une différence d'identités. — Cette opposition des identités et des différences à un point de vue unique, voilà le véritable équilibre. Il y en a encore qui maintiennent la réalité des apparences phénoménales, d'autres prétendent qu'elles ne sont rien; les uns les veulent constantes, les autres intermittentes; les uns parlent de leur vaste étendue, les autres de leur existence limitée; les uns disent qu'elles ne sont perçues qu'individuellement, les autres qu'elles sont générales ou universelles; les uns les croient infinies, les autres finies; ceux-ci pensent qu'elles se ressemblent, ceux-là qu'elles s'opposent; et mille autres contradictions. Dans tous ces sentiers perdus de la montagne, les troupeaux s'égarent. Mais voici l'explication de notre sage Maître: — En conditionnant les phénomènes, les hommes en sont venus à parler de vrai et de faux. Celui qui a la cataracte a nécessairement une vision imparfaite; un homme verra de l'eau là où un démon voit du feu: pourtant la nature de l'eau est uniforme. — Il dit encore: Le principe de la Raison suprême peut être comparé à un berger prenant sa houlette pour veiller sur le bétail et l'empêcher de s'égarer à droite ou à gauche. — Bienheureux celui qui arrive à la condition de repos dans l'océan du Raisonnable Equilibre !

« Rejetant les termes d'obéissance et de désobéissance, regardant d'un même œil ennemis et amis, oubliant le lieu commun qui consiste à parler des choses comme identiques ou différentes, unissant la vie et la mort, réconciliant le non-moi avec le moi, combinant en un seul aspect le passé et le présent, remplissant l'espace, regardant les montagnes et les mers comme n'ayant d'autre origine que le poil de la tortue (chose imaginaire, sans existence, le monde n'ayant jamais commencé), embrassant dans un même aspect le mouvement et le repos, le silence et la parole, débordant de sympathie pour toutes les créatures, tel était notre Maître. Il vint de l'équilibre comme d'un état de repos, il alla à l'équilibre comme à un état d'activité, de sorte qu'on ne peut dire qu'il soit venu ni qu'il soit parti (1). Ceci est difficile à comprendre: mais c'est aussi le mystérieux caractère de l'essence

(1) Jeu de mots sur le terme Tathâgata.

universellement diffuse, qui naît sans prendre de substance distincte, vient sans venir, et part sans partir, mourant sans cesser d'être. »

Transportons-nous en Egypte et ouvrons le Livre des Morts. Voici ce que dit Osiris: « La perfection de l'être est en moi, le non-être est en moi. Parmi les dieux je suis Seth, c'est-à-dire le non-être. Je suis Toum, en être unique dans le Noun. Je suis hier et je connais demain, je suis la loi de l'existence et des êtres, l'infinie durée du temps et de l'éternité. L'infinie durée du temps, c'est le jour; l'éternité, c'est la nuit... Arrière, marcheur qu'on fait reculer, provenant d'Apap. Tu es submergé dans le bassin de Noun. » Apap ou Refrof est un avatar d'Ananta, le serpent de l'évolution éternelle. Le Noun est l'océan primordial où flottent les germes des choses, les grandes eaux, l'abîme, le chaos, d'où émergent en ternaires les émanations appelées diversement suivant les villes et les dynasties: Amun, que Manéthon traduit « l'occulte » et Jamblique « la puissance invisible des verbes cachés, » et qui ailleurs devient Kneph et Osiris, le principe mâle, le père; Athor, Mout, Sekkhet ou Isis, les ténèbres non révélées, la mère de tous les êtres, la matière première, le principe passif; et Khonsou, Phtah ou Horus, le démiurge.

S'il faut en croire M. le baron de Ravisi, « les Egyptiens comprenaient une espèce de Nirvâna, que l'état actuel des études égyptologiques n'a pas encore pu faire comprendre, en admettant que les Egyptiens l'aient compris eux-mêmes (*sic*). Ce dogme paraît aussi difficile à comprendre que le Nirvâna bouddhiste. Ce qui paraît acquis, c'est qu'ils entendaient une absorption dans laquelle l'âme conserverait sa personnalité et non pas serait anéantie. C'est l'étude plus approfondie de la troisième partie du Livre des Morts qui finira peut-être par nous révéler ce dogme tel qu'ils le comprenaient. »

Le Zervan-Akerné de Zoroastre, le Chaos d'Hésiode, l'Apeïron d'Anaximandre de Milet, les dissertations des philosophes des écoles Ionienne et Eléatique sur l'être et le non-être, le Vide de Leucippe et Démocrite, le Nihilisme des Sophistes, la Non-existence de Gorgias, l'Aoriston et le Non-être de Platon, la Privation d'Aristote, l'Apathie, l'Ataraxie et les Adèla des Epicuriens, sont autant de jalons qui nous permettent de suivre les traces de la même théorie jusqu'à l'école d'Alexandrie, qui la reprend avec une nouvelle vigueur. Le Dieu de Philon est infini : il n'est nulle part, mais rien n'existe en dehors de lui. Celui de Valentinus a commencé par dormir, comme l'immobile moteur d'Aristote, avant de s'éveiller et d'émaner les Oeons et le Démiurge. « Il ne reçoit rien en lui, » dit Plotin, « il se suffit. Il n'est pas même essence. Il ne possède donc pas non plus la pensée, puisque la pensée est unie à l'essence. On ne peut donc pas exprimer Dieu par la parole, en avoir la perception ni la science, puisqu'on ne peut en affirmer aucun attribut. » Les Gnostiques Satornilus, Carpocrates et Basilides appelaient Dieu l'inconnu (αγνόστος) l'incréé (ἀγεννητον), Abraxas, et ce qui n'est pas (τὸ ὀυδέν ἕν). « Il existait, » dit Basilides, « quand rien n'existait; et ce rien n'était rien de ce qui est, mais n'étant pas même Un. Car ce qu'on appelle l'innomable n'est pas absolument innomable, puisque nous le nommons ainsi. Ce qui n'est pas même l'innomable ne peut être nommé ainsi, étant au delà de tous les noms qu'on peut nommer. » Cet innomable est le Bythos de Valentin, l'abîme d'où sortent tous les Œons, mais qui ne devient le Père qu'après l'émanation de la première Syzygie (paire ou couple), Sigê ou le Silence.

« Tout ce qui est a été tiré du non-être », nous dit la Cabale; et d'après le Livre du Mystère caché, « La balance (l'équilibre des antinomies) est suspendue dans la région de l'existence négative. Ceux qui doivent être pesés dans ses plateaux n'existaient pas encore. Elle porte ce qui n'est pas, ce qui est et ce qui sera. » D'après Franck, l'Absolu cabalistique est sans forme ni existence, sans aucune similitude à rien autre, sans nom comme sans qualités; c'est pourquoi on l'appelle Ain-Soph, car le mot Ain signifie rien. Cette existence négative, Ain, le non-être, puis Ain-soph, l'illimité, et enfin Ain-soph-aour, la lumière infinie, émane les Séphiroth, dont la première, Kether, porte les noms de « non-être » et de « je suis ce que je suis ».

Ibn Gebirol la célèbre en ces termes: « Tu es sage, et de ta sagesse tu as fait une Volonté déterminante, comme fait l'artisan ou l'artiste, pour tirer l'être du non-être. » L'Idra-Zuta enseigne encore que « L'Ancien des anciens, l'Inconnu de l'inconnu, a une forme, et pourtant n'a pas de forme. Il a une forme par laquelle l'univers est maintenu: mais il n'a aucune forme parce qu'il ne peut être compris. »

Nous retrouvons l'abîme primordial dans le Tohu-bohu de la Genèse, dont la face était couverte de ténèbres. « L'esprit de Dieu porté sur les eaux » nous rappelle le Narayana « qui se meut sur les ondes » de Mulaprakriti. Dans les Elohim, au pluriel, qui créèrent le ciel et la terre en 7 jours, nous avons le radical El, qui signifie la même chose que le Tat sanscrit, ce ou plutôt ceux; et nous reconnaissons les sept Adityas, les sept prêtres (Hotar) et les sept chevaux du soleil, les sept flammes d'Agni, les sept Prajâpatis, les sept Manus et les sept Rishis d'une part, et de l'autre les sept Amschaspands de l'Avesta et les sept Taas ou éléments égyptiens, les sept âmes de Ra, les sept Betsh, les fils de la révolte, les sept assesseurs ou coopérateurs de Phtah, dont le souvenir se perpétuera jusqu'aux sept esprits d'Isaïe et aux sept jours de notre calendrier, sans parler des sept anges de l'Apocalypse.

Saint-Augustin, après avoir parlé de Dieu, avoue l'inutilité de ses efforts. « Je sens que j'ai seulement voulu dire. Si j'ai dit quelque chose, ce n'est pas ce que j'ai voulu dire. Tout ce que je sais, c'est que Dieu est ineffable. » Justin le martyr déclare que Dieu est non seulement au dessus de tous les noms, mais même au dessus de l'être. Clément d'Alexandrie montre que nous ne pouvons arriver à concevoir Dieu qu'en mettant de côté tout attribut fini, jusqu'à ce qu'il ne reste rien que l'idée abstraite d'unité. D'après Jean Damascène, Dieu ne fait pas partie des êtres et est même au dessus de l'être. D'après Scot Erigène: « Il ne sait pas ce qu'il est parce qu'il n'est pas quelque chose. » Dieu, le « Super-ineffable et super-inintelligible », est au-dessus de toute conception humaine. Il est à la fois l'absence de substance et la substance infinie, l'absence de vie et la vie infinie, l'absence de pensée et la pensée infinie. Pour le martyr Vanini, « Dieu est tout, au dessus de tout, hors de tout, dans tout, à côté de tout avant tout, après tout, entièrement tout. »

Cette doctrine si antique et si universelle s'obscurcit peu à peu devant l'anthropomorphisme juif et finit par disparaître dans la nuit du moyen-âge; elle subsiste peut-être, soigneusement conservée par les initiés des sociétés secrètes. Quoiqu'il en soit, ses éclairs ont recommencé à traverser l'intuition de penseurs comme Boehme, Hegel et Oken. Voici comment s'exprime le théosophe allemand:

« Au sein du non-être (Ungrund), il n'y a rien que tranquilité éternelle sans commencement ni fin... (1) Le père est la volonté du non-être, qui conçoit en elle-même le désir de se manifester à elle-même: ce désir est le fils; l'expression de la volonté par la conception d'elle-même est l'esprit... (2) Dans la tranquillité de sa liberté éternelle le père n'apparaît pas encore comme père. Il n'apparaît comme tel que quand il désire créer, et conçoit en lui-même la volonté d'engendrer la nature en lui-même... (3) Dans son aspect primitif, Dieu ne doit pas être conçu comme un être, mais seulement comme le pouvoir ou l'intelligence constituant la potentialité d'être, comme une

(1) Menschwerdung, XXIX, 1.

(2) Mysterium, 1, 2.

(3) Triple vie, IV, 64.

volonté insondable, éternelle, où tout est contenu, et qui, bien qu'étant elle-même tout, est néanmoins une... (1) D'abord la volonté est aussi mince que rien, c'est pourquoi elle désire être quelque chose, et se manifester à elle-même. Ce non-être fait passer la volonté à l'état de désir, et ce désir est une imagination. La volonté se regardant dans le miroir de la sagesse fait apparaître sa propre image dans le non-être, et crée ainsi une fondation dans sa propre imagination... (2) En Dieu il y a deux états, éternels et sans fin, l'éternelle lumière et l'éternelle obscurité. La lumière est Dieu, et dans l'obscurité il n'y aurait pas de douleur sans la présence de la lumière. » (3)

La pensée de Bœhme est embarrassée dans les vieilles idées de commencement, de cause première et de père infiniment bon. Son antinomie du bien et du mal n'est pas en équi-

(1) Mysterium, VI, 1.

(2) Menschwerdung, II, 1.

(3) Trois principes, IX, 30.

libre, et si mince qu'il soit, son fil de volonté doit se rattacher à des causes antécédentes. Il y a néanmoins quelque originalité dans cette conception de Dieu comme non-existant, en tant qu'unité, puis existant dans la trinité. Hegel a vu et exprimé la vérité beaucoup plus clairement, bien qu'il n'ait pas su en déduire les conséquences. Voici comment il s'exprime dans sa Logique:

« C'est par l'être pur que l'on doit commencer, parceque l'être pur est aussi bien pensée pure, qu'être immédiat, simple et indéterminé, et que le commencement, sans être médiatisé, doit pouvoir être ultérieurement déterminé. Cet être pur n'est que l'abstraction pure, et par conséquent la négation absolue, qui considérée dans son état immédiat, est le non-être. Le non-être, en tant qu'il forme une chose immédiate et identique à soi, ne diffère pas de l'être... Si, lorsqu'on prétend qu'on ne peut comprendre l'unité de l'être et du néant, on veut dire qu'on ne peut pas se la représenter, en ce cas l'on s'éloigne d'autant plus du vrai que dans le nombre infini des représentations il n'en est pas une qui ne contienne cette unité; et en disant qu'il est impossible de se représenter cette unité, l'on ne peut vouloir dire autre chose sinon qu'on ne retrouve pas la notion dans chaque représentation particulière, pour ainsi dire, à l'état d'exemple... La connaissance philosophique n'est pas la connaissance vulgaire, et ne s'obtient pas non plus par les mêmes procédés qu'on emploie ordinairement dans les autres sciences... Peut-être se représente-t-on l'être pur sous l'image de la pure lumière, et le néant pur sous l'image de la pure nuit. Mais si l'on applique cette représentation sensible à l'être et au néant, l'on s'assurera facilement que dans la clarté absolue on voit autant et aussi peu que dans la nuit absolue. Lumière pure et nuit pure sont deux déterminations également vides. Ce n'est que dans la lumière déterminée — et la lumière est déterminée par l'obscurité comme celle-ci l'est par la lumière, — que l'on peut distinguer quelque chose, parce que la lumière obscurcie et l'obscurité éclairée contiennent une différence qui leur donne une existence déterminée. »

Hegel ajoute que la vérité de l'être et du non-être se trouve dans l'unité des deux, et cette unité est le devenir. Nous disons que le devenir est l'opposition des deux, tandis que leur unité constitue la réalité suprême. Mais il est intéressant de voir la philosophie occidentale revenir par un long détour au point de départ de la pensée archaïque. Un autre des « Philosophes de la nature, » le plus grand peut-être, quoique le moins compris, William Oken, exprime la même vérité sous une forme mathématique:

« Il n'y a qu'une essence en toutes choses, le O, l'identité suprême, mais il y a un nombre infini de formes. Le zéro idéal est l'unité absolue ou monade; non pas une singularité, comme une chose individuelle, ou le nombre 1, mais une indivisibilité ou absence de nombre, en laquelle on ne peut trouver ni 1 ni

2, ni une ligne ni un cercle: une identité pure.

« Le zéro mathématique est l'éternel. Il n'est sujet à aucune définition de temps ou d'espace, il est et n'est pas tout cela. L'éternel est le « rien » de la nature.

« L'origine du singulier n'est rien autre chose qu'une manifestation de l'éternel. Par là l'unité, la splendeur, l'homogénéité sont perdues et converties en multiplicité, obscurité, diversité.

« Le (+ —) n'est autre chose que la définition de O... Cette dualité est la monade même sous une autre forme. Dans la multiplication c'est la forme seule qui change. L'éternel devient le réel par une double division de soi-même. Une fois manifesté, il est ou positif ou négatif. Zéro ne diffère de l'unité infinie que parcequ'il n'est pas affirmé.

« Le + présuppose le O; le — présuppose le + et le O; mais le O ne présuppose ni + ni —. Les quantités purement négatives sont une non-entité, car elles ne peuvent que se rapporter aux grandeurs positives. Le — est la rétrogression du + dans le O.

« Le rien devient un quelque chose, simplement en se posant soi-même. Le rien n'est que la négligence de se poser soi-même. Le quelque-chose, le (+ —) n'est donc pas sorti ou émergé de rien; le rien n'a pas produit un corrélatif: le (+ —) n'est autre chose que rien; TOUT LE RIEN INDIVIS EST DEVENU L'UNITÉ. Le rien, une fois posé comme rien, égale 1. Dans ce cas nous ne pouvons parler de production ou d'évolution, mais de l'identité et de l'uniformité complètes du rien avec le quelque chose; c'est un produit vierge de naissance.

« Généralement parlant, il n'y a pas de rien. Rien même est quelque chose (1). Tandis que les nombres sont, au sens mathématique,

(1) L'algèbre démontre que $\frac{0}{0} = 1$, dans le cas d'indétermination apparente, et que 0 même a une valeur. C'est la limite d'une quantité qui décroît indéfiniment. Même en mathématiques, le néant n'existe pas.

des positions et des négations de « Rien, » ils sont, au sens philosophique, des positions et des négations de « l'Eternel ». L'essence des nombres n'est autre chose que l'Eternel. L'Eternel seul est ou existe, et rien n'existe que lui quand il existe un nombre. Il n'y a donc rien de réel que l'Eternel même (1). Le singulier n'est rien par lui-même, mais l'Eternel est en lui. L'existence du singulier n'est pas sa propre existence, mais celle de l'Eternel, et toute existence individuelle n'est qu'une existence illusoire.

« Aussitôt que O existe, il est (+ —). La réalisation de l'Eternel est un antagonisme complet de soi-même. L'être de l'Eternel est donc une soi-manifestation. Tout acte de soi-manifestation est double: c'est une manifestation (= +), mais une manifestation de soi-même, et par conséquent une rétrogression en O (= —). C'est par la négation que le

(1) Oken, entend par réel l'univers, et par éternel l'Absolu. Cette phrase est donc l'exacte traduction de l'axiome sanscrit : Sarvam Khalvidam Brahmam, tous les êtres sont Brahma.

fini s'unit à l'Eternel. Toute disparition du fini est un retour à l'Eternel. » (1)

Je crois que ces géants philosophiques de l'Europe n'ont pas compris eux-mêmes toutes les applications des principes qu'ils avaient entrevus. Ces principes contenaient pourtant en germe la solution des problèmes les plus controversés de leur époque et de la philosophie entière. Leur développement eût épargné au moins un siècle de divagations métaphysiques et hâté d'autant la renaissance de l'Orient véritable, au lieu de la falsification que nous ont servie Schopenhauer et Hartmann.

(1) Oken. Lehrbuch der Naturphilosophie ; Erster Theil : Mathesis, I Buch Theosophie, (Iéna, 1809).

III

LE TEMPS ET L'ESPACE

CONTINUONS cependant, comme sur les routes du désert jalonnées des débris des caravanes, à nous laisser guider vers l'Absolu par les échecs de nos devanciers. Kant a le premier dénoncé les antinomies de la raison pure impliquées dans les conceptions du temps, de l'espace, de la matière, du mouvement, et les a incomplètement résolues par sa distinction entre les noumènes et les phénomènes. Herbert Spencer, développant jusqu'au bout la série des contradictions, les résout, imparfaitement aussi, en distinguant la conscience déterminée de la conscience indéterminée. Dans l'intervalle, le problème a été loyalement affronté par les idéalistes écossais et les a menés aux plus étranges conclusions. Hamilton et son élève Mansel ont reconnu que les termes Infini, Absolu, Cause première et Dieu se contredisent, et que par conséquent... il faudrait croire sans raisonner. Tout en se moquant d'eux, le matérialisme les remercie d'avoir exorcisé le fantôme de l'Absolu, dont Kant n'avait fait que tuer le corps. Par un juste retour des choses d'ici-bas, ces prêtres d'un idéalisme exagéré se trouvent avoir fourni les armes les plus dangereuses aux matérialistes à outrance.. L'exaltation de ces derniers, bien que piquante, est peut-être prématurée, car la victime qu'ils croient enterrée est plus vivante que jamais. Si le théisme est impuissant contre le matérialisme, le panthéisme peut le rencontrer à armes égales, et pour ce combat pied à pied qui doit se terminer par l'accolade des adversaires, l'arène n'a d'autres bornes que l'univers même. Loin de démolir l'Absolu, les philosophes en question l'ont rendu invulnérable; ils n'ont tué que de fausses conceptions, et nous pouvons invoquer précisément leurs arguments comme une revendication éclatante de nos doctrines.

Hamilton formule en ces termes ce qu'il appelle la loi du conditionné: « Tout ce qui est concevable à la pensée est placé entre deux extrêmes, qui, comme contradictoires, ne peuvent être vrais tous deux, mais dont, en tant que mutuellement contradictoires, l'un doit être vrai. » Prenons par exemple l'espace, que nous ne pouvons, dit-il, nous empêcher de concevoir, car l'espace est une forme positive et nécessaire de la pensée, et nous ne pouvons rien concevoir comme en dehors de l'espace. Eh bien, nous ne pouvons nous représenter l'espace comme fini, comme une sphère qui serait elle-même contenue dans un espace environnant, ni comme infini, car après avoir lancé notre imagination au-delà du système solaire, de la voie lactée et de l'univers même, nous n'avons pas avancé d'un pas. « Nous avons beau » dit Pascal, « enfler nos conceptions au-delà des espaces imaginables, nous n'enfantons que des atomes, au prix de la réalité des choses. L'infini est infiniment incompréhensible. » Et l'infiniment petit ne peut pas se comprendre davantage, car une quantité d'espace, quelque minime qu'on la suppose, est nécessairement étendue et par conséquent divisible, bien que nous ne puissions nous représenter cette division à l'infini. Si nous prenons le temps, notion encore plus universelle et nécessaire, nous ne pouvons lui attribuer ni commencement ni fin, comme limites au-delà desquelles il n'existerait plus. Mais la conception du temps illimité nous est également impossible, une pareille notion ne pouvant se former que par une addition infinie de temps finis, addition qui occuperait elle-même une éternité. « La négation d'un commencement implique en outre cette affirmation, qu'un infini s'est déjà écoulé jusqu'à présent: c'est-à-dire implique la contradiction qu'un infini se termine à chaque instant. Triple contradiction d'un infini qui vient de finir, d'un infini qui commence, et de deux infinis qui coexistent sans s'exclure ! » D'autre part, le temps minimum est inconcevable, mais un millionième de seconde qui ne serait pas divisible ne ferait pas partie du temps. Ainsi l'espace et le temps sont compris entre l'infiniment grand ou petit d'un côté, et le fini de l'autre, et ces deux extrêmes sont également inconcevables : « En résumé, le conditionné est la seule chose concevable; l'inconditionné est ce qui est impensable. Le conditionné ou concevable est situé entre deux pôles; et ces extrêmes sont tous deux inconditionnés, inconcevables et exclusifs. L'un est le limité inconditionné ou absolu; l'autre l'illimité inconditionné ou infini; nous pouvons donc en général les appeler, l'un l'absolument inconditionné, l'autre l'infiniment inconditionné; ou plus simplement l'absolu et l'infini : l'absolu exprimant ce qui est fini ou complet, l'infini ce qui ne peut être terminé ou conclu. Ces termes que les philosophes ont confondus, devraient être non-seulement distingués mais opposés l'un à l'autre comme contradictoires... Autrement dit, de l'absolu et de l'infini nous n'avons aucune conception » (1).

L'erreur d'Hamilton consiste à prendre l'Absolu pour un des contradictoires, et son raisonnement, d'ailleurs logique, le mène à une absurdité. Il faut dire que le sens du mot Absolu est fort variable dans la philosophie. Les uns entendent par là une personnalité divine, c'est-à-dire un infini limité; d'autres le pur Esprit, par rapport à la matière. Or ce ne sont là que des conceptions extrêmes et non suprêmes; des relatifs et non l'Absolu. En employant le mot Absolu comme synonyme de fini, Hamilton se laisse aller à une contradiction de termes ou à un jeu de mots comme celui qui consiste à parler d'un musicien achevé, d'un peintre consommé, d'une œuvre d'art finie, ou encore d'un dieu parfait. Ces termes peuvent s'appliquer à un être ou à une chose, mais non à l'Absolu, ni même à l'U-

(1) Lecture 38 sur la métaphysique.

nivers. Les termes qu'il oppose l'un à l'autre sont en réalité non pas l'absolu et l'infini, mais le fini d'une part, et de l'autre l'infiniment grand ou petit. Or ces deux notions sont-elles réellement contradictoires ou simplement superposables, et ne s'imposent-t-elles pas plutôt qu'elles ne s'opposent ? L'infiniment grand a pour antithèse l'infiniment petit; si l'on synthétise ces deux extrêmes en un seul terme, l'infini, le fini est compris dans cette synthèse et n'en est pas exclu. Le temps ne finit pas et ne commence pas à un moment donné, mais continue: ce qui commence ou finit, c'est une durée, déterminée ou indéterminée. Le fini est partie de l'infini, et cette partie est elle-même infinie par rapport à ses subdivisions. Loin d'être absolu, le fini est essentiellement relatif; et en disant que nous sommes incapables de nous représenter le temps et l'espace ni comme bornés ni comme exempts de limites, Hamilton s'évertue à démontrer que nous ne pouvons concevoir ni le relatif comme absolu, ni l'absolu comme relatif, ce qui est évident.

Les mots eux-mêmes nous avertissent que l'infini ne peut être défini, expliqué ni figuré. Il est impossible de le percevoir, car toute perception est la perception de quelque chose. Toute forme est finie, et tout ce qui est fini a une forme. Nous ne pouvons concevoir une forme infinie: si nous cherchons à imaginer un cercle infini, nous ne pouvons nous représenter qu'une ligne droite, et une ligne droite infinie est également inimaginable et redevient un cercle. Edgar Poe a montré que dans l'infini les dimensions se replient sur elles-mêmes. Devant l'éternité et l'infini, la durée et l'étendue rentrent leurs longueurs comme des limaçons leurs tentacules. Une forme est constituée par ses limites mêmes, et définie par le fait qu'elle se distingue des autres formes; ce qui est fini ou conditionné est ce que nous pouvons nous représenter ou percevoir. La pensée qui a inspiré le philosophe écossais est que le fini ne peut satisfaire l'esprit humain et que l'infini le dépasse.

Et si nous mettons au clair le dilemme dont le simple soupçon l'a effrayé au point de lui faire chercher refuge dans le « Credo quia absurdum », nous nous trouvons en présence de cette alternative; ou bien l'infini est une chimère et l'esprit humain un enfant capricieux; ou bien la forme est une illusion et nous possédons une faculté supérieure à la perception. La première solution, celle du matérialisme, contient une contradiction, car nous allons voir que l'infini s'impose. On ne peut échapper à la seconde, celle du monisme panthéiste, que de deux manières: on rafraîchit son front humilié dans l'eau bénite, comme Pascal et tant d'autres fiers penseurs, et l'on se jette dans les bras des religions anthropomorphiques, qui reviennent à un matérialisme transcendant; ou bien l'on devient épicurien et sceptique, et l'on demande l'oubli au sommeil du positivisme, qui est une religion déguisée.

Il est peut-être vain de vouloir définir la source des manifestations cosmiques et de demander la cause de l'être, car comment dire ce qui produit le verbe, et comment exprimer la cause même de la question ? Mais à coup sûr il est absurde de nier l'éternelle immensité au nom de notre éphémère petitesse. Les déshérités du sort pourraient aussi bien nier l'existence des billets de banque, et eux-mêmes se contentent de dire que la richesse ne fait pas le bonheur. Pour les idéalistes d'Ecosse tout existait par et dans la conscience humaine: pourtant ils n'ont jamais soutenu sérieusement que l'infini n'existe pas, parce que nous ne pouvons nous le représenter. « Je ne peux qu'être surpris de l'importance qu'on attache au caractère d'inconcevabilité, lorsqu'on sait par tant d'exemples que notre capacité ou incapacité de concevoir une chose a si peu à faire avec la possibilité de la chose en elle-même, et n'est qu'une circonstance toute accidentelle dépendant de nos habitudes d'esprit. » (1) Il était étrangement réservé au matérialisme, après avoir démoli la

(1) Stuart Mill, logique. II, v. 6.

souveraineté de l'esprit sur la matière, d'affirmer que l'impensable ne peut exister. Sophisme contredit également par l'expérience et par la raison. Car les faits sont là pour prouver l'infini, et c'est la science même, avec ses télescopes et microscopes, qui nous a permis de concevoir ce vieux mot dans un sens nouveau et grandiose. Que propose-t-on donc en attaquant l'évidence conquise pied à pied et siècle après siècle ? Veut-on nous ramener à la voûte azurée et à ses clous d'or ? Les anciens auraient pu discuter l'hypothèse de l'infini, ils en ont adoré le mystère. Après le martyre de Galilée, la discussion est superflue et criminelle. L'infini est partout, en nous comme au-dehors, au bout de nos plumes comme de nos lunettes astronomiques, et si nous fermons les yeux pour ne pas le voir, il nous poursuit dans l'ombre et le silence. Quand Zénon démontrait que le mouvement est logiquement impossible, Diogène marcha, et le cynique eut raison du sophiste. Si l'infini n'existe pas, trouvez les bornes de l'univers.

Encore les eussiez-vous découvertes, que la plus belle des facultés humaines protesterait contre cet emprisonnement. Car si l'esprit humain ne peut se représenter l'infini, il ne peut s'empêcher de le concevoir, ni échapper à sa propre nature, qui est de déborder constamment ses limites. On nous dit que l'infini n'existe pas, parce que nous ne pouvons nous imaginer l'univers comme infini. Nous pourrions répondre tout aussi bien, et c'est la pensée d'Hamilton, que le fini n'existe pas, parce que nous ne pouvons concevoir l'univers comme fini. « L'avantage de l'athéisme s'évanouit dès qu'on essaye positivement de se représenter à l'esprit la somme totale de l'existence comme une quantité limitée. Une limite est elle-même une relation; et concevoir une limite comme telle, revient à reconnaître un corrélatif de l'autre côté. Par une loi de la pensée, qui n'a pas encore été bien approfondie, il est impossible de concevoir un objet fini d'aucune sorte, sans le concevoir comme un parmi plusieurs, comme lié à d'autres objets coexistants et antécédents. Un premier moment de la durée, une première unité d'espace, sont aussi inconcevables que les suppositions contraires d'un temps, d'un espace ou d'une existence sans limites. Il est impossible de se représenter aucun objet autrement que comme fini, mais il est également impossible de se représenter aucun objet fini ou aggrégat d'objets finis comme épuisant l'univers de l'être; et l'hypothèse qui voudrait annihiler l'infini se brise à son tour sur le rocher de l'Absolu. » (1) D'ailleurs, ce n'est pas notre faiblesse d'esprit qui peut empêcher l'existence d'une foule de choses que nous ne connaissons pas: mais une chose qui n'existerait pas serait non seulement innomable, mais impensable, ne serait ni une chose ni un mot; et l'infini, mot ou chose, a fait couler assez d'encre. Il est vrai qu'on en peut dire autant de la notion de Dieu, mais elle n'est pas du moins une condition fatale de notre entendement. Mansel a tort d'employer

(1) Mansel, Bampton lectures.

athéisme comme synonyme de matérialisme. Le matérialiste peut se passer de Dieu, hypothèse, il ne peut se passer de l'infini, fait.

L'infini est la somme indéfinie des choses existantes, et l'on voudrait supprimer le tout au nom de la partie ! L'étrange logique que celle qui consiste à faire gras le vendredi saint pour protester contre les préceptes de l'église ! Le matérialisme, niant l'esprit au nom de la matière, et Hume, niant la matière au nom de l'esprit, représentent deux extrêmes mutuellement contradictoires, qui peuvent s'exclure l'un l'autre, mais dont aucun ne peut exclure l'Absolu. L'infini est proclamé également par l'impuissance de la raison humaine à le concevoir et à ne pas le concevoir: d'autre part le fini s'impose à notre conception et à nos sens. N'est-il pas évident, dès lors, que le fini et l'infini coexistent dans l'univers, et qu'en nous agissent parallèlement deux sortes de facultés, les unes appliquées au fini, au formel, au sensible, les autres embrassant l'infini dans une étreinte inconsciente ?

Et qu'on ne croie pas échapper au fantôme en substituant au mot infini celui d'indéfini, qui exprime bien la paresse de la pensée, mais ne peut rien contre l'intuition. Ou bien l'univers a des bornes ou il n'en a pas; s'il est limité, nos instruments scientifiques sont imparfaits et notre intuition nous trompe; s'il est infini, notre imagination est impuissante et le terme indéfini ne fait que constater cette imperfection, déjà constatée d'ailleurs par la négation contenue dans le mot infini. On pourrait réserver le mot indéfini pour l'infini limité dans un seul sens. On peut concevoir une droite indéfinie partant d'un point donné; on peut dire que le passé ou l'avenir sont indéfinis, qu'une grandeur donnée est indéfiniment divisible. Mais ce n'est pas avec ce terme indéfini qu'on peut renverser une idée indestructible. Pour être conséquents avec leur arrière-pensée, les positivistes qui s'abritent derrière le vague rempart d'une syllabe devraient pointer leurs armes, non seulement contre l'infini, mais contre l'indéfini, et contre l'univers, et contre le monde, et contre tout ce dont la grandeur gêne l'étroitesse de leurs cerveaux.

« Effacez de ces raisonnements les termes — inconditionné, infini, absolu, — ou leurs équivalents, et écrivez en place — négation de la concevabilité, — ou bien — absence des conditions dans lesquelles la conscience est possible, — vous n'aurez plus de raisonnement, mais une série d'absurdités... Dans des conceptions corrélatives de ce genre, il est assez clair que le concept négatif contient quelque chose de plus que la négation du concept positif: les choses dont on nie l'égalité ne sont pas effacées de la conscience par cette négation... Notre conscience du limité se compose d'abord de la conscience de quelque sorte d'être, et ensuite de la conscience des limites sous lesquelles il est connu. Dans la notion contraire de l'Illimité, la conscience des limites est abolie; mais non la conscience de quelque sorte d'être... On se trompe en prétendant que la conscience ne consiste en rien autre chose que des limites et conditions, et en négligeant entièrement ce qui est limité et conditionné. » (1)

Herbert Spencer reconnaît que cette « conscience indéfinie de quelque sorte d'être » est un élément positif et indestructible de la pensée, et va jusqu'à lui attribuer la raison de notre croyance à la réalité objective, croyance si profondément enracinée en nous que même la conviction de l'imperfection de nos sens ne suffit pas à la détruire. Pour un moderne, l'affirmation que ce subtil « quelque chose » est l'unique réalité et l'unique existence revient en apparence à faire reposer le pyramidal univers sur la pointe d'une abstraction aigüe: pour les anciens, le point était précisément le monde, et Parabrahm était là base immense et immuable, le substratum de tout, même de l'illusion. Car si l'instinct populaire n'a pas tort de prendre les mots — image, for-

(1) First Principles. Ch. V.

me, apparence, etc. — comme synonymes de mirage, la sensation vulgaire ne se trompe pas non plus en nous témoignant de l'existence positive de quelque chose d'extérieur. Quand nous disons que le monde des formes est illusoire, nous ne voulons pas dire évidemment qu'il n'existe pas, mais seulement que sa réalité n'est pas son apparence; et celle-ci ne peut être autre chose que l'apparence d'une réalité quelconque. Pour nous d'ailleurs le sujet est aussi relatif que l'objet. Le Moi est une illusion, une apparence de la réalité qui est le Soi; et l'être comme la chose sont inconnaissables en soi. Le sujet et l'objet illusoires sont les manifestations de quelque chose de réel, et les rapports de l'un à l'autre ne sont nullement modifiés par cette constatation philosophique. Tant que nous y sommes plongés, l'illusion est un fait: tant qu'elle dure, la vie est une féconde et précieuse réalité. L'ascète chrétien et l'Allemand pessimiste sont incapables de comprendre le sens transcendant de la Maya antique. Illusoire, en philosophie orientale, est synonyme de temporaire et pas du tout de notre néant: encore un fois, cette conception était absente de l'antiquité. Le néant d'aujourd'hui est le pôle opposé du néant de jadis; l'un repose sur la mort et le vide, l'autre s'appuyait sur la plénitude de la vie.

On peut en dire autant du Principe inconscient ou inconnaissable d'Hartmann ou de Spencer, comparé au Parabrahm des Védantins. Le premier est un résidu de la pensée moderne acculée dans ses retranchements, une scorie alchimique du fourneau matérialiste, une quantité irréductible inutile sinon gênante, tandis que Parabrahm n'est pas seulement en dehors de l'univers, mais aussi au milieu; il n'est pas une abstraction dernière, résidu de conceptions qui s'entredétruisent, mais la condition essentielle de la pensée et de l'être, tout en étant au-delà de l'une comme de l'autre. Ainsi nous avons vu que le fini étant infiniment divisible, était placé entre l'infiniment grand et l'infiniment petit, et contenait par conséquent l'infini en lui-même. Parabrahm n'est pas seulement la réalité effrayante de l'infini, c'est aussi la réalité suprême, éternellement et partout présente sous le fini. La durée est l'élément primordial de la conscience telle que nous la connaissons, et Parabrahm est le zéro et l'infini de la durée, c'est-à-dire le présent comme l'éternel. L'espace est l'objet le plus direct de la perception, et Parabrahm est le commencement et la fin de l'espace, c'est-à-dire le point et l'illimité. « Dans la nature, rien n'est grand, rien n'est petit, et la structure de l'infime molécule qui se dérobe à nos recherches pourrait bien être aussi compliquée que celle de la planète qui gravite autour de notre soleil. » (1) Si chaque millionième de seconde apportait à notre conscience des sensations distinctes ou des idées nouvelles, la minute écoulée nous vaudrait-elle moins qu'un siècle, et l'étendue de l'avenir en serait-elle moins

(1) Roscoe. Progrès de la chimie moderne. *Revue scientifique*. Oct. 87.

inconcevable ? Si le monde où nous sommes grandissait subitement de milliards de coudées, nous grandissant en même temps d'une quantité égale, quelle différence verrions-nous dans ce qui nous entoure, et la sombre profondeur en serait-elle moins constellée de points moins imperceptibles ? Si tous les chœurs célestes venaient chanter nos hymnes, si tous les souffles des tempêtes venaient enfler nos imprécations, le grand silence n'en planerait pas moins sur nos blasphèmes comme sur nos hosannahs. L'instant, ce rien placé entre le passé et l'avenir, et le point, cette abstraction mathématique, sont non-existants au même titre que le temps sans bornes ou l'espace sans limites, et ces inconcevables sont la signature de Parabrahm dans le monde matériel, et sans eux, l'existence et la pensée sont impossibles. Le temps est tout entier dans chaque seconde, l'espace tout entier dans chaque atome, la moindre poussière est le centre dont la circonférence n'est nulle part, et le point d'appui de toute l'évolution.

L'évolution humaine reproduit l'évolution cosmique, l'incarnation personnelle reproduit le développement de l'individu, et la gestation physique reproduit l'histoire des transformations animales. La molécule, la cellule, le corps, l'astre, le système solaire, les nébuleuses et les systèmes de nébuleuses sont les degrés d'une échelle infinie mais infiniment régulière, et Parabrahm est l'Alpha et l'Oméga de cette progression.

A l'antithèse entre la raison et la *foi*, nous substituons la distinction entre l'âme et l'esprit; et à l'embarras d'Hamilton entre l'Absolu et l'infini, nous répondons que ces deux termes, sans mutuellement se contredire, excluent toute comparaison avec le fini et le relatif: c'est pour avoir opposé le fini à l'infini qu'Hamilton n'a pu sortir d'une contradiction engendrée par lui-même. Le fini est compris entre les deux infinis de la grandeur et de la petitesse, mais au fond, de quelque quantité qu'il puisse grandir ou diminuer, il reste à égale distance de ces pôles insaisissables. L'infini n'est ni long, ni court: les termes infiniment grand et infiniment petit sont contradictoires en eux-mêmes. Le rapport du fini à l'infini ne peut varier, c'est-à-dire n'existe pas. L'infini et la mesure n'ont rien de commun et ne peuvent se comparer ni s'opposer. C'est par exagération de langage que le terme infini est pris dans le sens d'extrême grandeur. L'extrême grandeur comme l'extrême petitesse, appartiennent au fini, et l'infiniment grand avec son égal l'infiniment petit se fondent en l'omniprésence qui est la condition même de l'existence du fini, c'est-à-dire ce qu'il y a d'immuable sous les apparentes variations du temps et de l'espace.

De même l'Absolu avec un A majuscule, l'Absolu entendu absolument, ne peut s'opposer au relatif. Si l'Absolu pouvait être comparé au relatif, l'Absolu serait le corrélatif du relatif, c'est-à-dire relatif lui-même. Une chose relative n'est relative et ne peut se comparer qu'à une autre chose relative. On peut considérer l'Absolu comme le lieu géométrique de tous les relatifs, mais c'est encore une exagération de langage que celle qui généralise tous les relatifs en un terme « singulier » (comme si autre chose que l'Absolu pouvait être unique), et qui oppose ce singulier relatif à l'Absolu, sans s'apercevoir que la généralisation même qui a servi à former ce relatif en a fait l'Absolu ! L'Absolu est la synthèse suprême de tous les couples de relatifs, le point fixe sur lequel repose l'équilibre de tous les systèmes de leviers. Et comme toute comparaison suppose un point commun, tandis qu'une ressemblance sans différences n'implique pas nécessairement de comparaison, ainsi les relatifs impliquent l'Absolu, mais l'Absolu est indépendant de tout relatif particulier. « Par la fusion d'une série d'états de conscience, dans chacun desquels, à mesure qu'il se présente, les limites et conditions sont abolies, il se produit une conscience de quelque chose d'inconditionné. La conscience (de l'Absolu ou conscience) indéterminée n'est pas l'abstraction d'un groupe de pensées, d'iidées ou de conceptions; mais l'abstraction de toutes pensées, idées et conceptions. Ce qui leur est commun à toutes et dont elles ne peuvent être dépouillées, est ce que nous affirmons par le mot existence... l'être séparé de ses apparences. » (1) L'Infini est ce qui est commun à toutes les finis, l'Absolu ce qui est commun à tous les relatifs. Loin de se contredire, les termes Infini et Absolu, pris dans leur vrai sens, se superposent et s'identifient.

(1) Herbert Spencer. First principles, Ch. IV.

IV

CAUSES PREMIÈRES ET FINALES

Nous venons de résoudre, en constatant leur identité dans l'Absolu, les antinomies du temps et de l'espace. Mais ici nous nous heurtons au cadavre d'une autre idée fausse, celle de cause première. Dans la seconde de ses fameuses conférences de Bampton, Mansel, croyant détruire l'Absolu, a tué pour toujours... l'hypothèse de la création. L'effroi de ce croyant, qui se heurte de tous côtés au panthéisme, et finit par abandonner le fil de la raison, impuissante à le guider hors d'un labyrinthe de contradictions inexplicables pour le matérialisme comme pour la théologie, peut nous mettre en garde contre certaines erreurs séculaires de la pensée occidentale, et nous aider à dégager la vraie conception de Parabrahm. Nous ne chercherons pas d'autre excuse à la fréquence ou à la longueur des citations.

« Le dictionnaire philosophique contient trois termes d'usage journalier dans tout système de théologie métaphysique. Nous devons concevoir Dieu comme Cause première, comme Absolu, et comme Infini. Par Cause première, on entend ce qui produit toutes choses et n'est produit par aucune. L'Absolu signifie ce qui existe par soi-même, sans relation nécessaire avec aucun autre être. L'Infini veut dire ce qui est libre de toute limite possible, au-delà duquel on ne peut rien concevoir de plus grand, et qui par conséquent, ne peut recevoir aucun attribut additionnel ou mode d'existence qu'il n'ait possédé de toute éternité... Ce qui est conçu comme Absolu et Infini doit être conçu comme contenant en soi la somme, non seulement de tous les modes d'existence actuels, mais de tous les modes d'existence possibles, car une possibilité non réalisée constitue nécessairement une relation et une limite...

« Mais ces trois conceptions, Cause, Absolu, Infini, également indispensables, ne se contredisent-elles pas quand on les prend ensemble, comme attributs d'un seul et même Etre ? Une cause ne peut, comme telle, être absolue; l'Absolu ne peut, comme tel, être cause. La cause n'existe que par rapport à son effet, et l'effet est un effet de la cause. Mais l'Absolu est conçu comme une existence possible en dehors de tout rapport. On peut essayer d'échapper à cette contradiction apparente en introduisant l'idée de succession dans le temps. L'Absolu existe d'abord par soi-même, et ensuite devient cause. Mais ici nous sommes arrêtés par la troisième conception, celle d'Infini. Comment l'Infini peut-il devenir ce qu'il n'était pas dès le commencement ? Si la causation est un mode possible d'existence, ce qui existe sans causes n'est pas infini; ce qui devient cause dépasse ses limites antérieures. La création à aucun moment donné étant inconcevable, le philosophe se trouve réduit à l'alternative du panthéisme, qui déclare que l'effet n'est qu'apparent, et que toute existence réelle est absorbée dans la cause...

« Supposons vaincues les difficultés secondaires, et l'existence de l'Absolu solidement établie sur le témoignage de la raison. Encore n'avons-nous pas réussi à concilier cette idée avec celle de cause: nous n'avons rien fait pour expliquer comment l'Absolu donne naissance au relatif, l'infini au fini. Si l'état d'activité causatrice est supérieur à celui de quiescence, l'Absolu, en agissant, volontairement ou non, a passé d'une condition relativement imparfaite à une condition de perfection relative, et par conséquent n'était pas parfait en principe. Si l'état d'activité est inférieur à celui de quiescence, l'Absolu, en devenant cause, a perdu sa perfection originelle.

Reste l'hypothèse que les deux états sont égaux, et l'acte de création, un acte de complète indifférence. Mais cette supposition détruit l'unité de l'Absolu ou s'annihile elle-même. Si l'acte de création est réel, mais indifférent, nous devons admettre qu'on peut concevoir l'Absolu de deux manières, comme productif et comme non-productif. Si l'acte n'est pas réel, la supposition s'évanouit d'elle-même et nous sommes rejetés une fois de plus sur l'alternative du Panthéisme.

« Et puis comment concevoir le relatif venant à exister ? Si le relatif est une réalité distincte de l'Absolu, il faut le concevoir comme passant de la non-existence à l'existence. Mais concevoir un objet comme non-existant est une nouvelle contradiction, car ce qui est conçu existe, en tant qu'objet de la pensée, dans et par cette conception. Il est possible à un moment donné de ne pas penser du tout à un objet, et à un autre instant, de penser à un objet déjà existant. Mais penser à un objet dans l'acte de devenir, dans le progrès du non-être à l'être, est penser à ce qui s'annihile dans la pensée même. Ici encore l'hypothèse panthéiste semble s'imposer: nous ne pouvons concevoir la création que comme un changement de condition dans ce qui existe déjà; et ainsi la création n'est concevable que comme un mode phénoménal de l'Etre du créateur. »

« Le relatif est une réalité distincte de l'Absolu », voilà l'erreur; la création est une réalité distincte du créateur, voilà l'anthropomorphisme et ses résultats: Comment le relatif, c'est-à-dire le fini, l'illusoire, pourrait-il être une réalité; et comment pourrait-il être une réalité distincte de l'Absolu, puisque l'Absolu est la raison d'être et le fondement même du relatif ? Le relatif, en tant que relatif, ne peut être une réalité, et ce qu'il y a de réel sous le relatif est l'Absolu même. Nous n'avons donc pas à penser à un objet dans le progrès du non-être à l'être, et en vérité une pareille conception serait impossible; nous pouvons concevoir ce qui est quelque chose devenant quelque chose d'autre. Mais l'Absolu n'est pas quelque chose: il faut mettre un point après le mot « est », et dire, l'Absolu ne devient pas, il EST !

Le problème de la causalité est borné au relatif et ne peut atteindre l'Absolu, pas plus qu'une somme de finis ne peut atteindre l'infini. En vérité, les contradictions également controversées que renferment ces deux problèmes sont également embarrassantes, parce qu'elles sont jumelles. Spectateurs et acteurs de l'universel devenir, témoins et parties d'opérations par lesquelles rien ne se crée, rien ne se détruit, nous ne pouvons concevoir un phénomène isolé des autres, absolument original ou absolument final; nous ne pouvons, à moins de nier les lois mêmes de l'existence, nier la précédence d'une série de causes ou la succession d'une série d'effets, aboutissant à chaque phénomène ou en dérivant. Et comme notre imagination se refuse à embrasser l'infini, elle se refuse également et conséquemment à comprendre ces séries comme indéfinies: d'où la notion de causes premières ou finales. Mais de même qu'il est impossible à la raison de concevoir une durée ou une grandeur quelconques comme épuisant la totalité de l'être, de même une cause première et un effet dernier sont également impensables. Au fond, tant que nous parlons de causes et d'effets, nous pensons aux phénomènes et nous ne sortons pas du relatif, pas plus qu'en opérant sur des grandeurs ou des petitesses nous ne sortons du fini. Il n'y a pas un phénomène qui ne soit cause d'effets et effet de causes; l'enchaînement incessant des unes aux autres constitue l'universel devenir; le devenir suppose quelque chose qui devient, c'est-à-dire quelque chose qui est. Les êtres et les choses sont l'objet du devenir, le sujet véritable en est l'immuable, ou l'omniprésent. Parabrahm n'a rien à faire avec l'enchaînements des causes aux effets, car cet enchaînement est le résultat de lois, et comment l'Absolu pourrait-il être soumis à des lois ?

L'erreur de l'idéalisme comme du matérialisme, de l'athéisme comme de l'anthropomorphisme, consiste à prendre pour l'existence totale et réelle ce qui n'est que réalité relative, et par conséquent illusion absolue: et la métaphysique occidentale, prétendant assigner à cet effet illusoire une cause réelle, se perd dans un dédale de contradictions que n'ont pu résoudre les philosophes même en apparence les moins idolâtres. Aussi voyons-nous un penseur tel qu'Hartmann, après avoir prétendu que l'Inconscient est forcé de donner naissance à l'évolution par un sentiment de peine transcendante ou de malaise intime, expier cette originale impiété par le corrollaire monstrueux et fatal d'un universel suicide. Moins répugnantes sont les théories d'Hegel et de Schelling, qui supposent dans l'Etre pur un désir de devenir conscient, car elles ne sont pas plus difficiles à comprendre, malgré leur involontaire absurdité, que la conception consciemment symbolisée dans la révolte et la chûte des anges ou dans le rapt et le châtiment de Prométhée. Plutôt que de supposer en l'Absolu une peine ou un désir, c'est-à-dire une imperfection, nous préférerions dire qu'il se manifeste en vertu de sa perfection même, et que l'univers n'est qu'un débordement de sa béatitude, l'illusion un trop plein de réalité; le lotus de la Maya fleurirait alors sur le lac sans rivages, comme fleurissent toutes les fleurs, pour fleurir, sans savoir qu'elles sont belles. Mais peut-on dire que l'Absolu soit parfait ? Et la perfection absolue ne doit-elle pas contenir tout en elle, même l'imperfection ? Si par perfection on entend l'omniscience, nous répondrons que l'omniscience absolue équivaut à l'inconscience: l'omniscience n'aurait pas besoin de penser: la pensée est un procédé lent et faillible par lequel les intelligences imparfaites s'assimilent une partie de la vérité; l'omniscience n'aurait même pas besoin de savoir, étant elle-même la vérité intégrale. L'antiquité avait résolu cette antinomie et proclamé dans l'homme l'omniscience de ce qu'aujourd'hui l'on appelle l'inconscient. Si par perfection on entend la liberté de se mouvoir sans obstacles, nous allons montrer que la liberté et le déterminisme s'identifient dans l'Absolu en même temps que le mouvement et l'immobilité; et si par liberté on veut dire simplement la faculté de choisir, alors les théologiens devraient affranchir leur Dieu de cette qualification: car toute liberté de choisir suppose évidemment la possibilité de choisir le pire, c'est-à-dire la faculté de se tromper, ou une imperfection. Ce sont les êtres seulement qui possèdent plus ou moins de conscience, plus ou moins de mouvement, plus ou moins de liberté, et qui évoluent de l'inconscience, de l'immobilité, de la fatalité, à la connaissance, au mouvement, à la liberté. Mais nos idées de perfection sont parfaitement inapplicables à l'Absolu; et il est aussi absurde de demander ce qu'il gagne à l'évolution, que de demander s'il ne déchoît pas en donnant naissance au relatif; car un tel commencement, ou une telle consommation, s'ils étaient réels, ne pourraient être ni conscients et volontaires, ni inconscients et involontaires. La seule explication philosophiquement satisfaisante est l'insignifiance ou même la non-existence, au point de vue de Parabrahm, de l'universelle Maya, qui n'est qu'un point en lui-même. Et quand nous aurons complété cette conclusion en montrant que, du point de vue relatif, c'est l'Absolu qui est non-existant, nous comprendrons que la justification des antinomies consiste en ce qu'elles sont indispensables non seulement à la raison qui les discute et à la conscience, mais à l'existence même. Et si alors on nous demandait la raison d'être de l'existence, nous pourrions répondre qu'une pareille question, outre qu'elle serait inutile et absurde jusqu'au sacrilège, si sacrilège il pouvait y avoir, semble tout au moins ridicule de la part d'êtres en qui le désir de vivre est si profondément enraciné. La raison de l'être est le non-être; et la raison du non-être, c'est l'être. Parabrahm n'existe que par l'existence du fini; et en l'absence de celui-ci, on ne peut dire qu'il existe.

Mais l'existence n'est qu'une illusion, et du point de vue de Parabrahm, n'existe pas. Nous touchons bien ici aux limites de la pensée et même de l'existence.

Autrement dit, Parabrahm peut être envisagé sous deux aspects complémentaires et parfaitement symétriques, comme les deux moitiés de l'image kaléidoscopique sont toujours opposées l'une à l'autre, de quelque manière qu'on les combine en remuant l'instrument. Le premier de ces aspects nous représente la parfaite non-existence, ou plutôt ne nous représente rien, n'existe pas. Le second aspect représente l'existence parfaite, et doit par conséquent contenir tous les principes de l'existence, sombres ou éclatants. Satan n'est donc pas l'envers de Dieu, mais Satan et Dieu sont les deux moitiés du masque qui nous cache un effrayant mystère. Ce masque est l'horizon de l'éternité. L'au-delà de cet horizon nous est aussi inconnaissable que l'autre côté de la lune. Et, comme la face éclairée de la lune ne brille pas de sa lumière propre, mais par réflexion, ainsi le côté intelligible de Parabrahm n'est intelligible que par la réflexion de l'inintelligible dans le miroir de l'illusion. Ces deux parties sont intimement unies et n'existent que l'une par l'autre. Absolument, Parabrahm ne peut être ni compris ni représenté: il est la page blanche de toute figure, l'ineffable dont la seule louange est le silence. Comme substratum de l'illusion, c'est-à-dire comme à la fois existence pure et non-existence, nous pourrons le représenter par le vieux symbole d'Hermès Trismégiste, le point dans le cercle. Le point sera alors la potentialité de manifestation, et représentera, par rapport au cercle, une quantité négligeable et non existante; le cercle, par rapport au point, ne sera nulle part. Et comme on peut poser une infinité de points, ainsi Parabrahm pourra être le substratum d'une infinité d'illusions ou d'existences. Hartmann reproche à Schopenhauer de nier à priori qu'il puisse y avoir d'autres modes d'existence que la pensée et l'étendue; nous pouvons supposer avec Subba Rao qu'il existe en Parabrahm d'autres centres d'énergie que le Logos cosmique; d'autres univers avec lesquels, comme dit Edgar Poe, ni nous, ni notre Dieu nous n'avons rien à faire. Le nombre de ces univers pourrait être infini. Ils ne seraient pas nécessairement co-existants, mais Parabrahm existerait toujours par au moins l'un d'entre eux; l'aire d'existence de Parabrahm serait représentée, à tout moment donné, par un cercle quelconque, à l'intérieur duquel une infinité de points « possibles » représenteraient une infinité d'univers en Laya (1). Et le cercle actuellement existant serait également destiné à se réabsorber en son centre pour dormir le sommeil du Pralaya, après avoir transmis à un autre point ses potentialités d'expansion et de contraction; l'univers étant à l'Absolu comme $\frac{1}{\infty} = 0$, son caractère illusoire est mathématiquement démontré par l'existence même de la durée sans limites et de l'espace sans bornes.

(1) Etat non manifesté, virtuel; état de solution.

Les causes premières et finales résultent donc d'une illusion d'optique. L'être n'a jamais eu de commencement et n'aura jamais de fin. « Tout » ne peut avoir de limites, car il n'existe rien au-delà de tout: mais tous les êtres et toutes les choses ont commencé et finiront, en tant qu'êtres et que choses. Notre univers entier n'a commencé que comme univers; il est le développement d'une potentialité enfouie avec des milliards d'autres dans l'Absolu. Le monde est un atome, l'efflorescence d'un point Laya (1), la manifestation d'un Verbe; et de pareils centres d'énergie sont innombrables en Parabrahm. L'existence sort de l'être, la partie du tout, par une route large et dont les côtés sont parallèles, bien qu'ils nous semblent former un angle dans la distance. Il n'y a pas de passage du non-être à l'être, car l'être et le non-être, zéro et l'infini, comme l'instant et l'éternité, sont des aspects complémentaires d'une même réalité. Parabrahm est « l'Ultima Thulé » de l'ex-

(1) Point neutre, centre virtuel.

ploration humaine. « Nous ne savons même pas si Parabrahm est la fin de toutes choses; pour nous actuellement, c'est la fin, puisque nous ne pouvons rien concevoir au-delà. » (1) C'est à la fois tout et rien: comme rien c'est Parabrahm; comme tout, c'est Aditi, Mulaprakriti, Thaï-ki, suivant les systèmes, c'est-à-dire le côté visible de Parabrahm, ou, qu'on nous permette ce blasphème, l'aspect féminin de l'Absolu. Parabrahm n'est donc pas seulement l'abstraction vague et métaphysique, bien que philosophiquement nécessaire de l'être négatif. C'est aussi le summum de toute existence positive; c'est la limite des espaces de plus en plus concentrés ou épanchés, des systèmes cosmiques de plus en plus potentiels, des intelligences de plus en plus profondes, des amours de plus en plus synthétiques. C'est l'immatérialité comble de toute matière, le repos comble de toute vie et de tout mouvement, l'inconscience comble de toute conscience. Parabrahm est tout ce qu'on

(1) Subba Rao. Conférences sur la Bhagavad Gita.

en peut dire, plus tout ce qu'on n'en pourra jamais dire, tout ce qu'on en peut concevoir, plus tout l'inconcevable, tout ce qui est, plus tout ce qui pourrait être; et tout ce qu'on en peut concevoir où dire n'est rien à côté de ce qu'il est. Ce qu'il est, « lui seul le sait, et peut-être ne le sait-il pas »; ce qu'il n'est pas n'est rien, ou plutôt est encore lui, puisqu'il est à la fois l'être et le non-être.

V

LE MYSTÈRE DE LA TRINITÉ

L'EXISTENCE entière est contenue entre deux antinomies, entre deux séries de contraires, entre deux limites parallèles qui ne peuvent se rencontrer en vertu des lois mathématiques, mais qui se rencontreront toujours en apparence, de par les lois non moins inexorables de la perspective. L'Absolu, si l'on veut, est en logique, rien, Parabrahm, et, en optique, tout, Mulaprakriti, Aditi, Thaï-ki, etc... Un angle quelconque, représentant notre univers tel qu'il nous est concevable, sera toujours compris lui-même dans quelque angle plus grand, qui à son tour ne serait qu'une réduction d'un angle encore plus universel. Et à mesure qu'évolueront nos facultés de conscience, chacun de ces angles grandira et s'absorbera dans quelque angle supérieur; d'où nous pourrions figurer, mais non concevoir, l'absorption totale dans le Pralaya universel.

Ce grand faîte de la perspective représente pour l'humanité l'horizon de son éternité. Aditi est le lien du néant à l'existence, le lieu géométrique des paires d'opposés, la synthèse des antinomies de la raison pure. C'est l'unité mystérieuse de la Trinité d'abord, et par là de tous les multiples.

Tous les modes d'existence qu'il nous est donné de connaître sont compris entre ces deux limites idéales que les théogonies ont symbolisées par le Principe masculin et le Principe féminin. Les propriétés des corps comme les facultés des êtres, les apparences de la matière, les mouvements de la vie, les représentations de la conscience, tout cela est compris entres les deux pôles de l'essence et et de la substance, qui par eux-mêmes sont non-existants, car il n'y a pas de pur esprit ni de pure matière. Ce qu'on appelle Esprit n'est que le contenant des facultés des êtres, conscience, volition, instinct, etc... c'est-à-dire de manifestations de la Vie universelle, de forces pures et simples; et ce que nous appelons Matière est le substratum des propriétés des corps, couleur, poids, mouvement, etc..., c'est-à-dire encore de manifestations de la Vie ou force universelle. Saint-Jean avait donc raison quand il disait que « le Verbe était la Vie ». L'action de ce Verbe est déterminée par les deux autres facteurs, l'essence et la substance, avec lesquelles il est co-essentiel et consubstantiel: nous disons déterminée, et non causée; l'Esprit n'est que le spectateur du drame qui se joue sur la scène de la Matière. L'idéalisme et le Matérialisme voudraient nous faire croire que le public ou le décor sont la cause de l'action. La cause du plaisir et de la douleur n'est pas dans l'Esprit, qui est innocent, ni dans la Matière, qui est insensible, mais bien dans la Vie. Tout au plus peut-on considérer l'Esprit comme le motif de l'évolution dont la Vie est le moteur et la Matière le mobile. Leur entrelacement, dont l'illusion universelle est le fruit, n'est pas une combinaison. L'Esprit et la Matière restent purs de tout mélange: ils ne semblent devenir que grâce à l'illusoire action de la Force. C'est pourquoi la polarité est le caractère fondamental de la Force, qui se détruit elle-même en vertu de sa dualité, et ne nous apparaît plus que comme une puissante illusion. C'est parce que Çiva anéantit éternellement les créations de Brahmâ, que Vishnou conserve son existence apparente.

Les mystiques de l'Inde symbolisaient le triple absolu par la syllabe AUM (prononcez Aoum), répétée et vénérée par des générations et des multitudes, depuis l'antiquité la plus reculée jusqu'à nos jours. Pour éviter l'anthropomorphisme, ils représentaient la Divinité, non par un nom, mais par une formule;

par un terme qui n'était ni masculin, ni féminin, ni neutre, mais les trois à la fois. Ces trois lettres représentent l'Esprit, la Force et la Matière, où si l'on veut, l'Essence, la Substance et l'Existence qui résulte de leur entrelacement. A, c'est Atma, père de tous les êtres et source de tous les créateurs; Purusha, Içwara, Narayana, Swayambhuva, Brahmâ, etc... sont des aspects de ce principe et désignent ses diverses fonctions. M, c'est Mulaprakriti, appelée aussi Aditi, Swabhavat, Chidakaça, Avyaktam, Prakriti, etc... source de toutes les choses et mère de toutes les créatures. Enfin U ou Ou représente Oueaohou, nom thibétain et ésotérique du Verbe, c'est-à-dire de l'activité créatrice qui, d'émanation en émanation, devient Fohat, Daiviprakriti, Maka-Çakti, etc... ou les divers aspects de la force. Ce principe moyen participe des deux extrêmes et leur est si intimement coessentiel qu'il est souvent identifié avec l'un ou l'autre. Les Hindous ont raison de considérer Çakti comme synonyme de Prakriti, car la matière n'est rien sans la force qui se manifeste en elle. D'autre part, Çakti, comme action d'Içwara, a été confondue avec lui, et c'est pour cela qu'on l'a appelé créateur, de même que souvent on dit le soleil quand on veut parler de sa lumière; et ce point de vue n'est pas erroné, car Içwara est inconcevable autrement que comme conscience, bien que la conscience, étant conscience de quelque chose, soit déjà distincte d'Içwara. Patanjali définit Içwara, la limite de l'omniscience. Cette limite ne peut être que l'insconcient; car l'objet de l'omniscience, c'est-à-dire la Maya tout entière, n'est qu'un vaste antagonisme, et s'annihile dans l'Absolu; autrement dit, il ne peut y avoir conscience que de quelque chose, et il ne peut y avoir qu'inconscience de tout; omniscience et inconscience sont synonymes, comme tout et rien. Pour la même raison, Prakriti est la limite de tout connaissable, c'est-à-dire l'inconnaissable. En résumé, A et M peuvent être conçus comme deux points mathématiques, fixant les limites de l'existence, et reliés par une ligne de vie, par une quantité mobile V, représentant l'existence tout entière, l'univers, le fils entre le père et la mère. C'est pourquoi certains systèmes se contentent de deux principes, Purusha et Prakriti; dans ce cas il faut entendre Purusha comme la Conscience, dans toute l'acception de ce terme; comme étant à la fois Atma, la base de toute conscience, la conscience indéterminée, l'être pur ou essence, et la synthèse de tous les Jivas (conscience déterminée par un Upadhi, véhicule, base substratum, organisme quelconque; conscience se manifestant comme telle par l'intermédiaire de la vie, de la force, de l'action); et il faut entendre par Prakriti la Nature, au sens le plus large du mot, comme Elément primordial en même temps que synthèse de toutes les Çaktis. Alors l'A et l'U se combinent dans l'O de Om (Aum écrit phonétiquement), tandis que l'U ou Ou se combine avec l'M, qui, comme toute consonne, ne peut se prononcer que par adjonction d'une voyelle.

La première scission de l'omniscience donne naissance aux Jivas, sujets conscients, monades ou individus, et provoque une scission symétrique à l'autre extrémité de l'existence; comme il existe un nombre défini de Jivas ou êtres, depuis les dieux jusqu'aux hommes, il se forme un nombre correspondant de corporéités ou choses, depuis les centres planétaires jusqu'aux centres atomiques; et de même qu'Içwara a produit les Jivas par éparpillement, ceux-ci à leur tour, en s'attachant à l'objectivité, procréent la variété infinie des fantasmagories qui constituent l'univers, et opèrent la création seconde dont parlent en termes plus ou moins voilés les cosmogonies. Ainsi s'exprime l'auteur de Kaivalyanavanita: « A Içwara appartient la substance cause, à Jiva la substance effet; Içwara est général, comme quand nous disons: forêt; Jiva est particulier, comme quand nous parlons d'arbres isolés... La création du resplendissant Içwara et celle de Jiva sont absolument différentes. Les créations d'Içwara dans l'univers sont d'ordre général et embrassent toutes choses muables et immuables. Mais l'amour-propre, la haine, l'amour et toutes ces choses qui proviennent de l'égoïsme, sont les créations du Jiva doué de libre-arbitre: elles ne sont aucunement l'œuvre de l'Immaculé. » Les Gnostiques aussi comprenaient le mystère de la création seconde, car Psellus nous apprend dans le commentaire de ses oracles chaldéens que c'est l'esprit fils de l'esprit, le mental (mens), et non le père, qui fut l'artisan du monde igné, qui fonda (condidit) toute la créature et la perfectionna par ses opérations. Comparez avec ces paroles de Jean: « Au commencement était le Verbe, et le Verbe était en Dieu dès le commencement, et toutes choses ont été faites par lui, et rien de ce qui a été fait n'a été fait sans lui. » On retrouve partout cette idée du créateur qui s'est refermé sur lui-même après avoir émané un rayon dans l'espace: c'est le mythe de la mutilation d'Osiris et de la fécondité éternelle d'Horus; et aussi celui de Zeus, régnant à la place de son père qu'il a détrôné: c'est enfin la croyance des « hérétiques » qui affirmaient que le monde avait été créé par les anges du mal. Car les rebelles sont en même temps les rédempteurs, Michel et Satan sont les aspects complémentaires de ce Christ à deux sexes représenté dans les catacombes et dans l'Apocalypse, et décrit dans l'Iconographie de Didron comme une femelle à barbe, appelée Jésus-Christ et Sainte Sophie; c'est le Saint Esprit qu'un évangile apocryphe nomme « ma mère ! »

La cosmogonie japonaise représente l'émanation androgyne sous la forme d'une feuille lancéolée, se terminant en deux pointes séparées par un élargissement maximum. L'immense Maya est l'éparpillement d'un faisceau de lumière, un V gigantesque, le Verbe (Vak) remplissant l'espace entre le père et la mère, l'U entre l'A et l'M. Chacun de ces termes, réfléchissant le double caractère de Parabrahm, se trouve pour ainsi dire à cheval sur l'horizon de l'éternité, absolu d'un côté et relatif de l'autre; il y a un Purusha manifesté et un Purusha non manifesté ou Purushauttama, un Atma et un Param-Atma, de même qu'il y a une Prakriti et une Mulaprakriti, une Çakti et une Daïvi çakti. Chacun de ces termes, Purushottama (l'Esprit-suprême), Mula-prakriti (la substance racine) et Daïvi-çakti (la force idéale), peut être pris comme synonyme de l'Absolu concevable et comme point de départ de la manifestation, suivant que l'on est spiritualiste ou matérialiste. Car les trois sont un, à l'état latent, et trois dans la manifestation. Le double caractère de Parabrahm se reflète également dans tous les principes macrocosmiques et microcosmiques, chacun s'offrant à la fois sous l'aspect objectif et sous l'aspet subjectif. La nature entière n'est visible que d'un côté, et les choses les plus simples, et les figures les mieux connues, sont le masque d'un profond et effrayant mystère.

C'est encore en vertu de ce double caractère

que l'univers nous apparait soumis aux périodes d'expansion et de contraction, de systole et de diastole, que nous appelons jours et nuits de Brahmâ. Car, remarquons le bien, ce n'est pas Parabrahm qui respire, c'est Brahmâ; ce n'est pas l'Absolu qui est soumis à des alternatives, c'est son aspect relatif: l'opinion contraire nous ramènerait à la futile querelle des causes premières et du passage du néant à l'être. Mulaprakriti même « est indifférente à l'absence où à la présence en elle-même d'un univers objectif. » (1) De même Purusha, dans l'univers, et Atma, dans l'individu, paraissent agir, créer, penser, jouir, mais n'ont rien à faire avec les activités ou passivités dont ils sont les spectateurs. Ils ne semblent actifs qu'au point de vue illusoire et objectif. Karma dépend entièrement de Jiva et n'a plus de raison d'être pour l'affranchi (Jivan-Mukta) qui a compris l'identité de Jiva avec Paramatma. Les deux contraires extrêmes de l'existence, Purusha et

(1) H.-P. Blavatsky, Secret Doctrine.

Prakriti, ne sont que les limites idéales du grand souffle, et non ce souffle même: c'est le Verbe qui tour à tour s'éveille et s'endort.

Brahmâ lui-même doit mourir, disent les livres saints, et sa respiration doit s'éteindre en Parabrahm. Mais il ne mourra que pour renaître, comme en lui-même naissent, meurent et renaissent les myriades de mondes, d'êtres et d'atomes. Ne cherchons pas à franchir les frontières de la pensée, et contentons-nous de respirer nous-mêmes notre part du grand souffle. Brahmâ respire, et c'est pour cela que les Manvantaras succèdent aux Pralayas, les évolutions aux involutions, les décadences des empires à leurs grandeurs, la rigidité des cadavres à l'exubérance des jeunesses, les floraisons printanières aux tournoiements des feuilles d'automne, et le silence de la nuit aux tumultes du jour; Brahmâ respire, et c'est pour cela que nous respirons. Si nous pouvions nous placer au centre de l'univers, au point d'attache de ce pendule énorme qui se balance dans l'infini, peut-être verrions-nous qu'au lieu de revenir sur lui-même il décrit en réalité une orbite circulaire, que périodique est synonyme de cyclique, que tout rythme est une onde, que le Naga mordant sa queue, la roue de Brahmâ et sa respiration sont symboles d'une même vérité; peut-être alors comprendrions-nous qu'il n'y a pas de solution de continuité dans le fait que « parvenu au comble du mouvement, il se reposa, et parvenu au comble du repos, il se mit en mouvement »; peut-être saurions-nous ce que lui-même ne sait peut-être pas. Mais l'imagination bondit affolée vers la nuit absolue, de Pralaya solaire en Pralaya nébuleux, et perdue dans le dédale de ces obscurcissements partiels toujours contenus dans quelque Manvantara plus vaste, tout en se refusant à concevoir la possibilité d'un sommeil « universel », alors que « l'univers » échappe à ses étreintes, noyée dans l'immortalité, crie d'effroi après la mort, et ne trouve que Vie toujours plus fatale et toujours plus intense !

La mort n'existe pas; elle n'est qu'un changement d'état, une décomposition, une fermentation ou génération de nouvelles formes. La vie et la mort sont les aspects complémentaires du mouvement. Et le mouvement contient une autre antinomie agitée depuis les beaux jours d'Elée et de Mégare.

Le repos n'existe nulle part dans la nature: tout se meut, « tout s'écoule », dit Héraclite. L'exemple cité par Herbert Spencer du marin qui se promène sur le pont d'un navire en marche, sur l'océan qui tourne avec la terre, entrainée autour du soleil, lui-même en mouvement, est trop connu pour être reproduit. Hartmann fait un raisonnement analogue: « On dit que la balle va vers la cible, on pourrait dire tout aussi bien que la cible vient vers la balle; et la résistance que la cible oppose à la balle n'est pas tant la résistance d'une cible immobile que la « vis viva » d'une cible en mouvement. » Mais Parménide objecte que le mouvement absolu est une absurdité, car le mouvement suppose l'espace et les corps; Zénon démontre qu'Achille aux pieds légers n'atteindra jamais la tortue; Kant démasque la relativité d'un déplacement qui, supposant des points de repère, ne peut exister dans l'illimité; et d'après Spencer, « il est impossible de se représenter à la pensée les transitions entre le repos et le mouvement, car elles semblent impliquer une interruption dans la loi de continuité, bien qu'une pareille brêche soit inconcevable. » Au fond, ces contradictions sont comme les autres, purement apparentes. Il y a dans l'univers plus ou moins de mouvement, comme d'espace ou de temps. Dire que le repos absolu n'existe pas dans la nature, et que le mouvement absolu est absolument incompréhensible, revient toujours à dire que l'Absolu n'est pas le relatif. Repos et Mouvement sont des corrélatifs avec lesquels l'Absolu n'a rien de commun, des pôles apparemment opposés et absolument identiques. Le repos absolu est au-delà de nos conceptions, comme au-delà de l'existence; car rien n'est mort dans l'univers; il n'y a pas un atome dépourvu de force, de capacité de mouvement, de vie. Tout ce qui existe change et par conséquent vit, quelque lente que soit la transformation. Mais si, partant du repos apparent ou relatif le plus complet que nous puissions concevoir, nous suivons les vélocités croissantes de la tortue, d'Achille, du boulet de canon, de l'électricité, de la lumière et de la pensée, vélocités d'autant plus grandes que le temps employé à passer d'un point à un autre est plus court, où nous conduit cette course à l'abîme, sinon à l'Omniprésence, cette limite de la rapidité qui n'a plus besoin d'aucun temps pour passer d'une extrémité à l'autre de l'univers ! Mais cette Omniprésence, ce mouvement absolu, n'est-ce pas la même chose que la parfaite immobilité ? Les deux pôles de l'échelle des vitesses se confondent donc en Parabrahm: autour des six roues de Fohat tourne, invisible à force de rapidité, la roue immense de Brahma, que Démocrite appelle « l'immobile moteur », et dont Meng-tzeu disait que « son calme commande au mouvement. »

Quelle que soit d'ailleurs l'émanation que l'on cherche à approfondir, sa forme protéénne nous élude jusqu'au bout par des transformations de plus en plus subtiles et des simplications de plus en plus abstraites. Nous avons déjà dit que quand nous analysons la nature de l'Esprit, son omniscience nous conduit finalement à l'Inconscient d'Hartmann. De même, si nous voulons saisir la Matière, elle fuit successivement notre analyse physique, par sa divisibilité à l'infini, et notre analyse mentale, car nous ne pouvons concevoir sa forme primordiale et ultime que comme Vide Absolu; et nous n'embrassons avec Spencer que l'ombre de l'Inconnaissable. Hydrogène, oxygène, carbone, azote, etc..., voilà, s'écrie le matérialiste, les éléments dont se compose l'univers entier, voilà les seules et uniques réalités ! Cependant leur nombre décroît de jour en jour, l'hypothèse s'impose de plus en plus que toutes proviennent d'un corps simple, unique et primordial, d'où le monde est sorti par évolution et qui demeure l'éternel substratum de l'univers composite (1). Si jamais la science parvient à saisir cette matière abstraite, elle s'écriera sans doute: Voilà l'unique réalité! Cependant ce « Protyle » n'est que l'un des sept dont se compose le macrocosme objectif, et l'un des aspects inférieurs de Parabrahm. Nous prétendons qu'avec ce seul élément il est impossible d'expliquer même la formation de l'univers matériel. La science n'explique pas cette formation: elle se contente de nous en raconter crtaines périodes sous le nom d'évolution. Voilà un grand et beau terme:

(1) « Nous avons montré que l'Yttrium est un composé de cinq ou six nouveaux constituants. Or, qui oserait dire que si l'on attaquait chacune de ces cinq ou six parties constituantes d'une façon différente, si l'on soumettait les résultats à un réactif plus délicat et plus pénétrant que celui de la matière radiante, que celles-là ne pourraient pas encore être divisibles? Où donc trouver l'élément ultime véritable? Il s'éloigne à mesure que nous avançons, ainsi que les lacs et les oasis que voit le voyageur tourmenté de la faim et de la soif dans le désert. Serons-nous ainsi toujours trompés et arrêtés dans notre recherche de la vérité? » (Crookes, *Genèse des éléments*.)

sans parler de la loi cyclique impliquée dans le mot même, le simple fait que l'évolution a commencé indique l'existence d'un but à atteindre, de quelque chose de supérieur au point de départ. Le déplacement du pôle matière nécessite l'existence d'un autre pôle, source d'influences sans lesquelles le protyle serait resté indéfiniment à l'état primitif. Qui blasphème adore, et l'esprit fort, en proclamant la souveraineté de la matière, implique l'existence d'autre chose, et est plus naïf que les esprits simples qui demandent un créateur au nom de la création, ou qu'Epicure mendiant une petite déviation pour la pluie rigide de ses atomes. La science ne peut rendre compte de la genèse des éléments, à plus forte raison de la combinaison des corps, sans faire appel tout au moins à une nouvelle inconnue, la Force, d'ailleurs aussi impossible à définir par la matière qu'impuissante à l'expliquer. La force est « ce qui » produit le mouvement, la matière est « ce qui » se meut, ou plus généralement la force est là source des propriétés dont la matière est douée. Dire que les propriétés ne sont rien sans la matière, c'est provoquer l'idéalisme allemand à répondre par cette autre vérité ou ce sophisme égal, que la matière n'est rien sans ses propriétés; en tous cas, c'est faire une pétition de principe, puisque la matière ne peut précisément être définie que par ses propriétés. Comment dépeindre un corps sinon par sa couleur, sa densité, etc., et d'autre part, comment concevoir ces qualités, sinon comme qualités de quelque chose que nous appelons matière ? Mais que sont ces propriétés ? Un corps est rouge parce qu'il absorbe les rayons de couleur différente. Pourquoi ? La science constate sans répondre. Remarquons en passant qu'il y à la une « action » tendant à prouver l'existence objective de quelque chose; dire que la sensation est la cause du corps est aussi absurde que de donner pour cause, à la sensation ou à la pensée, l'objet qui en est l'occasion. Revenons à nos rayons. La science nous dit qu'ils sont des vibrations plus ou moins rapides de l'éther, produites par la source lumineuse. Ici la matière ordinaire ne suffit déjà plus, malgré sa réalité, et une autre inconnue, l'éther, est introduite. Nous admettrons d'ailleurs sans difficulté ce nouveau facteur, qui cadre presque exactement avec l'une des subdivisions de notre Mulaprakriti; et nous nous contenterons de faire remarquer qu'en présence de conception comme celle de la matière radiante ou de l'éther, l'hypothèse d'états matériels absolument différents de l'état sensible n'offre rien de bien révolutionnaire. Cependant le problème n'est pas résolu.

Pour être ce qui vibre, l'éther n'explique pas la vibration, sans compter que, comme le remarque Spencer, les molécules infiniment plus ténues de l'éther devant être infiniment plus distantes les unes des autres que celles des corps matériels, la transmission du mouvement dans l'éther nécessite une série d'hypothèses, d'éther interéthériques, et justifie notre théorie des sept Çaktis, dont la dernière et la plus déliée ne nous aide pas plus, d'ailleurs, à comprendre le mouvement en lui-même que la matière toute grossière. Reste toujours la question: Qu'est-ce que le rythme, et sans aller si loin, qu'est-ce que la vibration, qu'est-ce que le mouvement ? C'est ici que le Matérialiste complète son cercle vicieux en répondant: une propriété de la matière. Au fond, matière et force sont des mots commodes pour désigner des choses inconnaissables; des abstractions au même titre qu'esprit, Dieu ou toute autre. Nous sommes bornés de tous côtés par l'inconnu; et nos adversaires auraient mauvaise grâce à nous reprocher de prendre le monde physique pour un chaos d'illusions; bien plus que nous, ils méritent le titre d'abstracteurs de quintessence, puique pour expliquer un univers qu'ils croient réel, ils parlent d'une hypothèse qu'ils savent invérifiable, d'un axiome qu'ils proclament indiscutable, d'un mot qui s'impose comme indispensable.

Un raisonnement analogue nous montrerait que, pas plus que la matière, impossible à expliquer, la force ne peut être prise pour dernier terme de la réalité; et les Hindous le savaient bien, pour qui le mot Maha-maya (grande illusion) était synonyme de Çakti. Seulement, en passant de la matière à la force, nous nous élevons d'un degré dans l'échelle des valeurs réelles. La cause du mouvement est positive par rapport au siège de l'inertie. La force se manifeste dans la matière parce que la matière arrête et retient la force, et en disant que la matière est un foyer de force on renverse les termes comme en disant que le soleil se lève et se couche. La force n'est connaissable à des êtres matériels que par l'intermédiaire de la matière, qui en est le magasin et non la source. Le soleil, centre de Çakti, irradie dans tous les sens son énergie mystérieuse; une faible partie seulement de cette énergie rencontrant une résistance matérielle, se fixe dans les planètes et s'y transforme en chaleur, lumière, vie, etc... Nous n'avons aucun moyen de concevoir sous quelle forme la lumière voyage dans l'espace, car elle ne devient lumière qu'en rencontrant l'atmosphère terrestre. A moins de faire de la force une entité métaphysique, il faut cependant admettre qu'elle est quelque chose de substantiel. Mais cette substance là ne ressemble pas plus à la matière terrestre que la substance du soleil dont elle émane. L'univers, dans ses origines comme dans son état actuel, est inexplicable à moins d'admettre l'existence de plusieurs ordres de substance, de degrès discrets de matérialisation. Il faut recourir à une énergie antécédente même pour expliquer le brouillard de feu, cette hypothèse doyenne de la science. « Je vous prie de me suivre au commencement des temps, avant que les atomes chimiques se fussent même élaborés du protyle originel. Imaginons qu'à cette étape première tout était dans l'état ultra-gazeux, un état qui se distingue de tout ce que nous pouvons maintenant concevoir dans l'univers. Eh bien, à moins que l'expression — Brume de feu — et la supposition que la matière primordiale était alors dans un état extrêmement surchauffé ne soit décevante et sans raison, nous avons alors affaire à un processus analogue à celui du refroidissement. Cette opération, — intérieure probablement, — réduit la température du protyle cosmique à un temps où le premier degré de granulation a lieu; la matière, telle que nous la connaissons, est née, et les atomes sont formés... Il nous faut deux postulats très raisonnables: admettons une forme d'énergie antécédente, ayant des cycles de flux et de reflux, de repos et d'activité; admettons une action intérieure pareille au refroidissement et opérant lentement dans le protyle... Les éléments futurs seront d'autant plus différenciés qu'il s'écoulera un temps plus long dans le travail de refroidissement durant lequel la formation du protyle s'opère; ils seront d'autant plus pareils et passeront d'autant plus l'un dans l'autre au contraire si le refroidissement s'opère rapidement... Les premiers éléments nés sont ceux dans lesquels l'énergie chimique est alors maxima; en descendant l'échelle, les affinités chimiques sont de plus en plus faibles et le chimisme devient de plus en plus inactif. Ce changement peut être dû en partie à cette circonstance que les éléments nés à une température basse ne possèdent plus une aussi grande mobilité moléculaire. Mais il est aussi extrêmement probable que l'énergie du chimisme formatif s'éteint comme les feux dans la fournaise cosmique. » L'énergie antécédente à laquelle Crookes fait allusion est notre Çakti, et le processus intérieur qu'il appelle refroidissement est la descente dans la matière, qui s'accompagne d'une descente parallèle de la force. Aussi pour fondre et volatiliser les corps, faut-il employer une quantité de force artificielle d'autant plus considérable que ces corps sont plus fixes. « C'est un fait remarquable que le poids atomique diminue à mesure qu'augmente la chaleur spécifique, et réciproquement, de sorte que le produit de ces deux termes représente presque toujours une quantité sensiblement constante. » (1) Nous voyons les molécules, soudées dans la masse solide, glisser les unes sur les autres à l'état liquide, et s'échapper de toutes parts à l'état gazeux. Les expériences sur la matière radiante prouvent que la puissance de mouvement est en raison inverse de la matérialité; la force se manifeste d'autant plus facilement qu'elle a moins de matière à vaincre, et la vitesse de la lumière nous donne une idée de la facilité avec laquelle elle bondit à travers les milieux éthérés. Au-delà de l'état atomique, qui détermine la capacité des éléments pour l'énergie, il est permis de concevoir des corps, ou plutôt des formes, des êtres, presque immatériels, sources de forces transcendantes et presque inépuisables. Remarquons enfin l'augmentation de volume qui accompagne la vaporisation de la matière, car tous ces phénomènes nous laissent entrevoir l'exacte re-

(1) Tyndall, *Heat as a mode of motion*, 166.

lation qui existe entre les termes infini et immatériel, tout puissant et réalité suprême, et nous permettent de nous acheminer vers l'antique et sublime conception de l'Elément unique, à la fois Substance, Force et Esprit. Ces remarques permettront également de comprendre pourquoi nous disons que la force est positive et la matière négative. Ces deux Mayas sont des images complémentaires et inverses, l'une représentant la tête, l'autre la queue du serpent. Si l'on s'attache à la matérialité comme critérium du réel, on laisse par là même échapper toute la réalité de la force; si, au contraire, on reconnaît que la matière doit aux combinaisons de la force tout ce qui nous la fait paraître réelle, alors on doit logiquement conclure que la matière est d'autant plus réelle qu'elle est plus accessible à l'énergie, c'est-à-dire moins matérielle.

« La science ne prétend pas avoir atteint le commencement absolu dans l'histoire de la matière; elle ne nie pas un état antécédent au brouillard de feu, et va jusqu'à admettre que celui-ci peut avoir existé préalablement à l'état froid, non lumineux et invisible. D'après Wolf, s'il en était ainsi, — on pourrait comprendre que la contraction résultant de l'attraction l'ait chauffé et rendu lumineux. — Kant et Laplace croyaient qu'à l'origine des choses, toute la matière qui entre maintenant dans la composition des corps planétaires était disséminée dans l'espace entier du système solaire, et même au-delà. C'était une nébuleuse de très minime densité, dont la condensation graduelle donna naissance, — par un mécanisme encore inexpliqué, — aux divers corps de notre système. » (1) En outre, le brouillard de feu, et à plus forte raison, l'état antécédent, devaient être un tout parfaitement homogène; car, comme dit Crookes, « dans un espace dont la température dépasserait le point de dissociation des composés, aucune action chimique ne pourrait se produire. Le lion et l'agneau coucheraient ensemble: le phosphore et l'oxygène se mélan-

(1) H.-P. Blavatsky, Secret Doctrine.

geraient sans s'unir; l'hydrogène et la chlorine ne chercheraient pas à s'embrasser; et même le fluorine, ce gaz énergique isolé récemment, flotterait libre de toute combinaison. » L'existence initiale ne peut donc être conçue que comme « un fluide incolore et immatériel répandu à travers l'infini, comme la divine vapeur d'une divine haleine. Telle qu'elle dut apparaître dès l'aurore du Manvantara, cette Prima materia est restée et reste encore homogène, à des distances immenses et dans ses profondeurs infinies. On ne la trouve plus dans sa pureté primitive, qu'entre les étoiles de l'univers; et comme elle est d'une nature toute différente des substances que nous connaissons sur terre, les hommes, voyant au travers, dans leur illusion et leur ignorance, la prennent pour du Vide !

« Ce rien objectif est cependant le tout subjectif. Cette matière, qui à l'origine remplissait tout l'espace, était l'espace même; c'était ce qui s'est condensé dans les astres et leur a donné leur substance; ce qui a été la source de leurs mouvements et s'est concentré en eux comme force motrice; le contenant et le corps de l'univers, le chaos et la création, le Tohu-bohu en même temps que le Pléroma, le vide en même temps que la plénitude. L'espace est une unité substantielle et vivante; c'est le monde vrai, tandis que le nôtre n'est qu'artificiel; un à travers son immensité; dans ses insondables profondeurs comme à sa surface illusoire, parsemée d'univers innombrables, de systèmes phénoménaux et de mondes de mirage. Dans ce monde réel, qui est une unité de forces, il y a, comme dirait Leibnitz, connexion de toute matière dans le Plenum. » (1) La conception d'une matière divisible à l'infini nous conduit effectivement à l'adoption d'un vide primordial identique avec la plénitude absolue; car, d'une part, nulle autre forme d'existence que le vide ne peut être conçu comme l'état ultime de la matière; mais d'autre part, il ne peut exister aucun point dans l'univers qui soit absolument vide d'une subs-

(1) H.-P. Blavatsky. Doctrine secrète.

tance quelconque. Le vide est la limite non-existante de la divisibilité; la théorie de la continuité de la matière ainsi complétée de sa divisibilité à l'infini n'exclut aucunement la conception d'unités atomiques, moléculaires, cellulaires, etc... comme individualisations d'une substance homogène: elle n'exclut pas non plus le mouvement, qui est toujours le mouvement d'une substance à travers une autre. Car le mouvement et l'extension doivent toujours être mouvement et extension de quelque chose. Notre élément unique réconcilie donc les deux grandes et antiques écoles représentées, l'une par Anaxagore, Descartes, Kant, Leibnitz, Boscovitch et la récente théorie kinétique des gaz, l'autre par Kanada, Leucippe, Démocrite, Newton, Dalton, et la théorie atomique moderne.

Bien plus, il nous permet d'admettre à la fois l'ultimatum de la science, l'atome, et celui de la théologie, Dieu; celui-ci comme la plus grande unité concevable, celui-là comme la plus petite: d'une part des centres de conscience de moins en moins transitoires, élémentaux, hommes, dieux, etc..., d'autre part des centres de substance de plus en plus permanents, cellules, molécules, atomes; le plus petit atome contenant à son tour un univers, et le plus grand Dieu n'étant que l'atome de quelque Logos supérieur; et la progression aboutissant dans les deux sens à l'omniscience identique à l'inconscience, qui est en même temps la plénitude identique au vide; car nous n'avons pas même besoin de séparer le dieu de l'atome, puisque nous reconnaissons une base commune à l'esprit et à la matière.

Le plus strict matérialiste doit reconnaître, à moins de faire appel à une création ex nihilo encore moins logique que celle du plus ardent spiritualiste, qu'avant la manifestation organique d'aucune intelligence, la matière, sous la forme où elle existait alors, brume de feu ou toute autre, contenait l'intelligence en potentialité. En admettant que la pensée soit un produit de la matière, celle-ci doit posséder et avoir possédé de toute éternité la faculté de produire la pensée. Sinon, l'apparition de cette pensée à aucun moment donné est un véritable miracle, et ne peut s'expliquer que par une intervention extérieure, ce qui résout la difficulté pour le théologien, mais ne fait que la reculer pour le matérialiste. Le problème est le même que celui de l'origine de la vie, que certains ont attribuée à la rencontre d'un astre errant. L'élément primordial devait contenir en germe, non seulement la vie, la conscience, et toutes les facultés de l'être qui se manifestent actuellement ici-bas, mais tout ce qui a été, est et sera dans l'univers entier auquel il a donné naissance. Et qui oserait affirmer aujourd'hui que notre mesquine planète soit le seul séjour d'êtres intelligents ? Nous arrivons donc à concevoir notre Elément unique, non plus comme le fantôme d'une substance inerte et vide, mais comme la divinité souverainement et uniquement adorable de l'Intelligence intégrale, en même temps que le réservoir de la Vie universelle et l'abîme de la substance totale. C'est en un mot l'Omniscience, et cette omniscience est pour nous identique à l'inconscience, parce que la conscience animale, aussi bien que la conscience de l'homme actuel ou des génies futurs, ou celle des archanges qui habitent des astres cent fois supérieurs au nôtre, n'est que la manifestation partielle et limitée de cette omniscience, de même que nos corps et ceux des plus glorieux soleils ne sont que les atomes transitoires de cette éternelle substance.

Nous devons également concevoir le vide absolu comme but suprême de la plénitude parvenue au dernier degré de matérialisation. Flammarion a montré que la conséquence ultime d'une excessive condensation serait la perte de cohésion et la dissociation des atomes. La masse, unique ou multiple, de l'univers, retournerait à l'état nébuleux et au vide initial. D'après certaines traditions orientales, la lune serait actuellement même en train de s'évaporer ainsi. L'espace serait donc l'alpha et l'oméga de son propre contenu, le vide serait l'origine et la fin de la plénitude. Ou plutôt le plein et le vide seraient les aspects complémentaires de Prakriti, substance des choses, comme la conscience et l'insconscience seraient les états alternatifs de Purusha, essence des êtres. Mais pas plus dans le Pralaya des formes que dans le Nirvâna des intelligences, aucun moi ne serait détruit, ni aucun élément chimique. L'esprit de l'homme et celui du Dhyan-Chohan, comme le phosphore et l'oxygène, se mélangeraient sans se confondre dans cette universelle et incompréhensible homogénéité, succédant à l'hétérogénéité des êtres et des choses aussi régulièrement que l'expiration succède à l'inspiration. Enfin l'opposition de l'essence et de la substance, que Kapila compare à l'union d'un boiteux et d'un aveugle, l'association de Prakriti et de Purusha, mère et père de la Vie universelle, l'antinomie suprême du moi et du non-moi, source de toutes celles que nous cherchons à résoudre, se résoudrait à son tour en Parabrahm, identité absolue de toute objectivité et subjectivité relatives. Et non seulement les trois personnes de la sainte trinité, chacune avec son double caractère divin et démoniaque, se fondraient en l'incompréhensible unité de Dieu, mais l'existence et la non-existence de Dieu même, les deux souffles de Brahmâ, s'abîmeraient dans l'ineffable Parabrahm.

La sainte Trinité ne réside pas seulement au ciel, mais aussi sur la terre, et jusque dans le moindre grain de sable. Forme, vie, conscience, sont les manifestations diverses de l'Elément universel et initial, et existent soit à l'état latent, soit à l'état de manifestation, dans tous les êtres et dans toutes les choses, à tous les degrés de l'évolution. Il y a de la vie latente dans les pierres, et de la conscience latente dans les microbes. Les trois manifestations s'équilibrent dans l'homme, composé de la trinité esprit, vie et corps. La pensée et la vie sont aussi inséparables l'une de l'autre que la force et la matière. L'attraction, l'affinité, la pesanteur, ont leurs correspondances dans les passions humaines, amour, désir, inertie. Parallèlement aux divers éléments de la substance, Mahabhutas, Tattwas, Tanmatras etc., les Hindous énumèrent divers ordres de forces physiques, psychiques et spirituelles, Itchaçakti, la puissance de la volonté qui engendre les courants nerveux, Kriyaçakti, le pouvoir d'extériorisation, de création, que possède la pensée, etc, etc.... Et pour eux, ces forces à leur tour sont les manifestations de purs états de conscience, de ce qu'ils appellent les Dieux. Si ces forces nous paraissent aveugles et inexorables, c'est que nous les envisageons du point de vue individuel, et que l'individu est impuissant contre l'agrégat des volontés supérieures. Mais il nous suffit de rgarder en nous pour comprendre dans l'univers la relation de l'esprit à la force et à la matière : notre corps lui-même est le résultat des volontés accumulées de nos ancêtres : ses mouvements obéissent à notre volonté et se confondent avec cette volonté même, laquelle n'a d'existence actuelle qu'autant qu'elle agit et se manifeste; mais cette volonté et cette action dépendent évidemment de nous-mêmes : Çakti est inséparable de Purusha : « Les pouvoirs du magicien sont invisibles avant leur exhibition : ils ne deviennent évidents qu'en se manifestant sous les formes visibles d'apparitions. De même, les Çaktis de Brahm sont infinies et il est impossible de les découvrir. Mais tout le monde peut s'assurer de leur existence, par la méthode inductive, en regardant les vastes éléments. On peut voir les effets et la base, mais l'énergie active reste invisible. Les spectateurs peuvent voir le magicien et les apparitions, mais non la puissante force magique. Cependant la Çakti n'est pas indépendante ni différente du Çakta qui la possède. » (1) Si la force ne peut d'une part exister sans l'esprit, ni d'autre part se manifester sans la matière, les trois émanations sont toujours présentes dans toute manifestation : et toute manifestation étant matérielle, et toute force agissant sur un plan matériel au moyen de la matière du plan immédiatement

(1) Kaivalyanavanita, 96, 97, 98.

supérieur, il devient évident que les trois termes esprit, force, matière, sont controversibles et inséparables l'un de l'autre; il n'existe qu'une seule et unique réalité éternellement et partout présente: « Sarvam Khalvidam Brahmam ». Le Dr Hartmann est un de ceux qui ont exposé le plus clairement cette unité fondamentale du motif, du mouvement et du mobile (1) :

« On a démontré depuis longtemps que la chaleur est un mode de mouvement, et toutes les autres formes d'énergie (y compris l'activité spirituelle), ne sont que des modes de mouvement. Le mouvement est cet agent universel, au fond et essentiellement unique, mais dont les modes de manifestation diffèrent suivant les conditions dans lesquelles il se manifeste. Quand il agit sans conscience relative, il apparaît comme gravitation, attraction, chaleur, lumière, son, électricité, magnétisme, etc... A un état supérieur on l'appelle vie, quand il est doué de conscience re-

(1) *Theosophical publications*, n° 9.

lative; et sur le plan suprême de l'existence il devient soi-conscient et soi-existant: on l'appelle alors pouvoir spirituel. Mais le mouvement n'est pas concevable sans une substance qu'il meuve; nous ne pouvons imaginer une force sans matière, ni une matière sans énergie. Il doit y avoir une substance originelle, ou matière primordiale, dont la nature doit différer largement de la forme qu'elle prend à nos yeux sur le plan extérieurement visible... Il existe une puissance primordiale et universelle, le mouvement; de même il existe une substance primordiale et universelle, que nous appelons Ether, ou matière; toutes les formes existantes ne sont que les apparences de cet éther à divers degrés de densité, et sous diverses conditions, tandis que toutes les fermes d'énergie, de la plus grossière à la plus spirituelle, semblent n'être que les modifications du mouvement dans l'éther, se manifestant d'après diverses conditions et circonstances, inconsciemment, consciemment, et avec soi-conscience. De plus, on peut dire qu'il n'y a qu'un Dieu: car si toutes choses proviennent d'une seule cause ou source intérieure agissant elle-même, alors le mouvement et la matière sont au fond et essentiellement une seule et même chose; et nous pouvons considérer la matière comme de la force latente, et la force comme de la matière en liberté. Enfin si cette grande cause première ne doit pas rester éternellement à l'état inactif, autrement dit, si elle doit se manifester comme matière et mouvement, et si le mouvement doit agir dans la matière, il doit y avoir une cause pour que cette activité prenne place; or cette cause ne peut être que la grande cause première et éternellement active, car il ne peut y avoir qu'une seule cause universelle..... Il n'y a pas de chaleur dans le bois; il n'y a qu'un certain mouvement de l'éther, qui était latent, et que la combustion met en liberté. Il n'y a pas de son dans un violon; c'est l'éther dans l'atmosphère qui est transformé en vibrations sonores au moyen du violon. Il n'y a pas de lumière dans le feu; c'est seulement l'éther qui par la combustion est transformé en certaines vibrations qui produisent enfin le phénomène appelé lumière. Il n'y a pas de magnétisme dans le fer; mais l'éther, à un certain état vibratoire que nous appelons magnétique, agit au moyen du fer. Il n'y a pas de vie produite par l'organisme d'un végétal ou d'un animal; mais ces instruments permettent à l'élément universel de se manifester comme vie. Il n'y a pas de pensée créée avec le cerveau : mais le cerveau est l'instrument par lequel opère l'esprit universel. Il n'y a pas d'amour, de volonté, de foi, ou d'autre pouvoir spirituel créé par l'âme; mais l'âme est un organisme permettant à ces pouvoirs éternels et soi-existants de se manifester. »

Il n'y a pas de matière, il n'y a pas de force, il n'y a pas d'esprit : mais il y a l'Etre, omniprésent et immatériel, omnipotent et immuable, omniscient et impersonnel, substance indestructible sous toutes les transformations de la forme, vie impérissable dans toutes les corrélations des forces, esprit immortel au fond de toutes les pensées transitoires et bornées. La conscience est aussi indestructible que la force et la matière : elle ne fait que se manifester diversement dans différents cerveaux. La force est aussi indestructible que l'esprit : elle ne fait que se transformer de chaleur en lumière, d'électricité en magnétisme, de vie en affinité chimique. La matière est aussi indestructible que la force; elle ne fait que passer de l'organisme d'une plante dans celui d'un animal, de l'état gazeux à l'état solide. De même que la matière présente des unités atomiques qui restent indéfiniment identiques, et des corps simples indécomposables par les moyens connus, ainsi l'esprit présente d'immuables états d'êtres qui sont les lois de la nature et de durables unités de conscience qui sont les êtres soi-conscients. Cependant tous les corps simples sont des combinaisons plus ou moins fixes de l'Elément unique; toutes les lois sont dérivées de la loi absolue, et tous les esprits sont des manifestations plus ou moins éternelles de l'unique Esprit. Le Soi universel est présent dans tous les Moi, comme la Vie universelle dans toutes les forces et la Substance une dans toutes les formes. Et ces trois sont un, et cet un est l'Atma, « la lumière qui éclaire tout homme venant en ce monde ». Tout est dans tout : nous n'avons qu'à fermer les yeux pour contempler le foyer de cet univers éblouissant et écouter celui vers qui montent les hymnes des six régions de l'espace. Jadis, dans les souterrains d'Egypte, une voix murmurait à l'oreille du néophyte ce terrible secret : « Osiris est un dieu noir »; et, s'il avait compris, la même voix lui inspirait cette espérance : « Mais toi, tu peux être un dieu.... si tu veux ! »

VI

L'ARBRE DE LA SCIENCE DU BIEN ET DU MAL

Il est de mode d'attribuer au mysticisme oriental la paternité du pessimisme d'Outre-Rhin; et même s'il fallait en croire certaine théorie assez répandue aujourd'hui, le pessimisme, ancêtre de l'histoire, serait le père de toutes les religions. Dans un paradis terrestre, l'homme n'aurait jamais songé à prier, n'ayant rien à craindre; nu et faible, il désira se propitier les éléments, et son premier cri vers le ciel fut un cri d'impuissance. Les idoles primitives étaient avant tout terribles, et aucun dieu ne s'est jamais complètement débarrassé de ses attributs de démon. Pour étayer cette hypothèse, il faudrait d'abord prouver que les peuples sauvages ne sont pas des débris d'anciennes civilisations. Puis en admettant que la barbarie soit une enfance plutôt qu'une décrépitude, la religion contient d'autres éléments que les sentiments de crainte, et autant d'hosannahs que de lamentations. N'est-il pas étrange enfin de juger tout un ensemble de facultés humaines en s'appuyant sur leur état embryonnaire ? Le sauvage n'a pas plus de religion que de philosophie ou de science, et sa superstition ne représente pas mieux la vraie religion que le scepticisme matérialiste ne représente la vraie science, ou que la casuistique du moyen-âge ne représentait la vraie philosophie. Les facultés religieuses sont humaines au même titre que les facultés mentales ou expérimentales, et comme telles, susceptibles d'un développement compatible avec la plus haute civilisation. Il y a eu des civilisations religieuses qui ne le cédaient en rien, quant au bien de l'humanité, à notre époque aussi scientifique que peu morale: certains savants modernes, assez pâles à côté d'un Archimède, feraient peut-être encore plus triste figure à côté de leurs lointains successeurs, qui seront à la fois des saints, des penseurs et des savants, c'est-à-dire des gens beaucoup plus forts que les sauvages tasmaniens ou parisiens.

En admettant donc que le dévôt naïf verse dans l'oreille du fétiche le trop-plein de ses terreurs, et que le sauvage grave sur l'arbre tout ce que son âme simple contient de pessimisme comme plus tard le manant ciselera ses doutes au portail des cathédrales, en tous cas cette dose d'amertume n'est guère forte; à peine sorti de l'enceinte tabouée, il redevient un joyeux et insouciant lutteur contre les difficultés ambiantes. Il semble, à observer les peuples neufs, que l'homme soit d'autant moins triste que sa tâche est plus ardue; et, à observer les vieilles nations, on voit que leur gaîté ne s'accroît pas avec les progrès de la science et de l'art de vivre. Au contraire, la lamentation s'allonge avec le paratonnerre, et l'ennui culmine aux époques, ou chez les individus, auxquels une plus grande sécurité permet de jouir davantage. Les Romains de la décadence étaient les gens les moins religieux et les plus ennuyés du monde. Et nos jeunes bacheliers, à peine sortis des collèges où ils ont appris à considérer les religions comme des enfantillages et la science moderne comme l'universelle panacée, ne tardent pas à joindre leurs cris de perroquets mal dressés au concert des désillusionnés qui traînent par la vie leurs masques de jeunes vieillars et leur maladie secrète du scepticisme. On pourrait donc pédagoguer en disant que le travail est le meilleur remède au pessimisme, s'il ne fallait en rabattre sur le champ en constatant que l'optimisme béat est le meilleur instrument de tyrannie. L'âne, après un bon repas de chardons, n'est pas pessimiste. Les peuples les plus satisfaits sont parfois les plus misérables: les hommes aussi.

Le sage écoute avec une égale pitié le chant du triomphateur et la complainte du mendiant; mais il méprise la mort autant que la vie, le pessimisme autant que l'optimisme.

La vie vaut-elle la peine d'être vécue? « Née de la tristesse et du découragement qui nous semblent inoculés à l'esprit du siècle, cette question, après tout, doit avoir été posée d'âge en âge. Sans doute, en remontant attentivement dans l'histoire, nous la verrions toujours revenir à l'heure où la fleur de la civilisation s'est pleinement épanouie et où ses pétales commncent à se relâcher. L'humanité a atteint l'apogée d'une partie de sa nature. Voyez les Egyptiens, les Romains, les Grecs; à peine avaient-ils gravi la colline de la difficulté, qu'ils ont vu s'échapper et retourner à l'abîme le rocher qu'ils venaient de rouler jusqu'au sommet. Pourquoi ce labeur inutile? Cette tâche incessante et incessamment défaite ne suffit-elle pas pour produire un accablement et un dégoût inexprimables ? Voilà pourtant ce que nous voyons faire à l'humanité, aussi loin qu'atteigne notre connaissance bornée de l'histoire. Il y a un point culminant auquel elle parvient par ses efforts immenses et concentrés... par cette volonté de vivre, que nous maintenons résolument et sans pause, et qui nous permet d'accomplir des tâches qui autrement nous rempliraient d'épouvante; celle, par exemple, d'aspirer et de rejeter le souffle... Alors éclot l'abondante et brillante floraison de toute sa nature intellectuelle, mentale et matérielle: le comble de la perfection sensuelle est atteint: puis, sa fermeté se relâche, son pouvoir diminue, et elle retombe, de découragement et de satiété, à la barbarie. Pourquoi l'homme ne sait-il pas se maintenir sur le sommet, et, contemplant les montagnes de l'au-delà, se résoudre à escalader ces hauteurs nouvelles ? Parce qu'il est ignorant: ayant entrevu une grande clarté dans la distance, il ferme ses yeux éblouis, et retourne se reposer à l'ombre du versant familier de sa colline. Il y a cependant, de temps à autre, quelqu'un d'assez brave pour regarder fixement cette lueur et y déchiffrer une forme vague. Aux poètes et aux philosophes, aux penseurs et aux docteurs, à tous ceux qui sont les frères aînés de la race, il est arrivé d'entrevoir ce spectacle, et certains ont reconnu dans l'inquiétante clarté les contours des Portes d'or. Celles-ci nous introduisent au plus intime de la nature humaine. Là est l'autel de vie dont l'homme est le prêtre; de là lui vient son pouvoir vivifiant. De rares exemples suffisent à prouver qu'il est possible de pénétrer dans ce sanctuaire. Platon, Shakespeare, et quelques autres parmi les forts, ont passé ces portes. Au moment d'entrer, ils nous parlaient un langage voilé ! Une fois le seuil franchi, le héros ne parle plus à ceux qui sont de l'autre côté; et même les paroles prononcées par lui au dehors sont si pleines de mystère, si voilées et si profondes, qu'à ceux-là seuls qui le suivent de près est visible la lumière qu'elles contiennent. » (1)

(1) M. C. — Par les portes d'or. I. 3.

L'effrayante question a été posée par des Orientaux et par des Occidentaux, par des matérialistes comme par des spiritualistes, par des Bouddhistes aussi bien que par des Chrétiens, et elle se pose, plus formidable que jamais, pour notre siècle de civilisaiton active, sensuelle et pratique. Il y a eu en Orient, sous le soleil écrasant, des pensées mélancoliques et des hommes tristes: mais cette tristesse-là était au-dessus du désespoir comme de l'enthousiasme, et se basait sur l'insignifiance de l'incarnation actuelle dans la série des renaissances fatales, sur le débordement inexorable de la vie qui fermente même au sein de la mort; c'était le néantisme de l'immortalité: au lieu que notre nihilisme saturnien, enveloppé des brumes du Nord et enfermé dans le cauchemar de la négation, ne peut aspirer qu'à un suicide universel aussi inutile qu'impossible. Il peut y avoir des pessimistes religieux, philosophes ou savants: mais le désespoir trouve sa formule définitive et la plus hideuse lorsqu'il s'allie au scepticisme matérialiste. Les Allemands n'ont fait que falsifier l'Orient. Leur pessimisme n'est que du mysticisme fraudé, comme leur Inconscient n'est que l'envers de l'Omniscient antique: c'est une mauvaise plante dont Moleschott et Büchner ont arrosé les racines, dont Schopenhauer a recueilli les fleurs vénéneuses, tandis qu'Hartmann en a récolté les fruits amers. L'arbre se reconnaît au fruit, le maître au disciple. L'un qualifie la femme de monstre aux épaules étroites, l'autre, conclusion logique, prêche l'anéantissement de la race et de la planète.

Et le pessimisme d'ici n'a pas d'autre cause que celui de là-bas. Si notre conception a été le résultat fortuit d'un spasme bestial; si l'amour maternel n'est que le souvenir de l'effort obstétrique; si le génie est le fruit d'un champignon de folie; si le vice et la vertu sont des produits comme le vitriol et le sucre; si la pensée est une sécrétion du cerveau comme l'urine des reins; si la seule sensation d'une bonne digestion nous fait jeter un sou dans la sébille du pauvre; si, marionnettes venues on ne sait d'où, mues par on ne sait quels fils, notre départ pour le néant ne doit-être que l'occasion pour quelque bedeau de jouer sur son serpent une marche funèbre, ou pour quelque orateur peu convaincu de faire des gestes de polichinelle sur notre cercueil, et si enfin il ne doit rien rester de nous que la mèche de cheveux qu'une vieille tante coudra dans son gilet de flanelle: alors, oh, certes, la vie ne vaut pas la peine d'être vécue: extase ou cauchemar, c'est un rêve vide et vain: drame ou comédie, c'est un mensonge infâme. Et nous n'avons pas même de raison de siffler l'auteur de cette pantalonnade, qui s'appelle le hasard.

Dans ce démarquage de l'antiquité, Schopenhauer n'est pas le seul coupable: tous nos langages occidentaux sont ses complices. De même que nous traduisons par néant ce que les Hindous appelaient Nirvâna, nous attribuons au hasard ce que les anciens appelaient destinée. Et le mot Fatum a son tour n'était que la traduction déjà déformée d'un mot plus antique encore, le Karma des Bouddhistes. Karma veut dire, en général, la loi de causalité d'après laquelle les effets s'enchaînent aux causes, et en particulier, limitée à l'être moralement conscient, la loi de justice ou de rétribution en vertu de laquelle chacun moissonne ce qu'il a semé. Karma est à égale distance du hasard des Européens et de la fatalité ou Kismet des Musulmans: la première de ces conceptions est la base du pessimisme matérialiste, la seconde se retrouve toujours, sous une forme ou sous une autre, au fond du pessimisme spiritualiste. Et sous la rubrique du Fatalisme il faut ranger aussi bien l'arbitraire inexorable du Jéhovah hébreux que la poursuite acharnée de la Némésis grecque. « Dieu l'a voulu » revient exactement au même que « c'était écrit ». La vie, encore une fois, ne vaut pas la peine d'être vécue, s'il faut la vivre dans la crainte perpétuelle du péché ou des Normes. Le néantisme matérialiste mène au désespoir, la crainte du Seigneur conduit à l'ascétisme, la résignation au destin aboutit à l'avachissement de l'inaction. Mais la fatalité n'est qu'une excroissance parasite greffée par la superstition populaire sur la doctrine de Karma, de même que la métempsychose n'est qu'une ignorante déformation de la croyance aux réincarnations progressives.

Il n'existe pas plus de Némésis ou de démon que de Providence ou de victime expiatoire: la justice suffit. Le remords même est une forme du pessimisme: il peut nous retenir de faire le mal une autre fois, mais il ne peut empêcher l'acte commis de produire ses effets. Il n'y a pas de péchés, il n'y a que des conséquences. Le Bouddhiste ne croit pas à des juges; il croit à la loi. Il peut à bon droit revendiquer la fière devise « ni Dieu ni Maître ! », sachant qu'il est à la fois son propre créateur et sa propre créature, son propre maître et son propre esclave. Si loin qu'il cherche dans l'immensité de l'univers, il ne trouve pas de puissance à laquelle il ne puisse dire: « Ce que tu es, je le suis ! » Il se sent créateur au même titre que tous les dieux passés, présents ou futurs. Il est, à chaque instant, ce qu'il s'est fait lui-même dans le passé, avant et après la naissance, et il sera dans l'avenir, avant et après la mort, ce qu'il se fait lui-même dans le présent. Esclave du fait accompli, il est maître du fait possible, et le destin même est sa créature. Voilà la vraie raison d'être de l'action consciente et responsable, de l'activité et de la moralité.

Chez les Bouddhistes même, la lettre est restée, mais non l'esprit de cette doctrine: il n'y a pas à s'étonner que nous en ayons perdu et l'esprit et la lettre. Les Grecs et les Romains avaient déjà commencé à oublier la vérité, mais du moins ils distinguaient, en fatalité, entre Fatum, Ananké et Némésis, comme, en amour, entre Eros et Cupidon. Nous avons déserté les autels de l'immortel Eros et divinisé le Cupidon physiologique.

Nous ne voulons voir et adorer qu'un côté des choses, quitte à blasphémer quand nous nous apercevons qu'il est mauvais. Les Hindous accomplissaient avec résignation, presque avec tristesse, les fonctions naturelles de l'organisme, que nous cherchons à idéaliser, à quintessencier, par tous les moyens littéraires et artistiques: mais ils ne songeaient pas à maudire ces fonctions, sachant que l'homme n'est animal qu'à mi-corps. Les blasphémateurs comme Richepin n'ont raison qu'à moitié. L'amour véritable a été véritablement céleste, alors même que la goutte d'élixir de vie s'est transformée en poison, le nectar en pot au feu, le vin en vinaigre; malgré son origine toute physiologique, l'amour maternel contient un rayon divin. L'art reste sublime, bien que l'harmonie doive s'exprimer au moyen de cordes en boyaux et d'un archet en crins de cheval. Il incombe à l'artiste de ne pas s'endormir dans la conservation d'un procédé, dans la répétition d'un mécanisme ou l'habitude d'une sensation, mais de mieux traduire son âme en perfectionnant son instrument et en cherchant des inspirations plus hautes. Nos facultés sont, comme les sirènes, moitié chair et moitié poisson; le ridicule est la potentialité du sublime, comme la passion est l'étoffe du pouvoir, et le mal le commencement du bien. Le goût du vulgaire en haillons pour les orgues de barbarie et du vulgaire en habit pour les romances italiennes, n'est que la gestation du sens artistique. L'hypocrisie est un hommage à la vertu, et la charité de parade est l'aurore de l'altruisme. C'est par amour filial que certains sauvages dévorent leurs parents malades, et dans certaines machines infernales, on a voulu mélanger la justice avec la dynamite.

Il y a d'antiques déraisonnements moraux que les oies du Capitole voudront sauver. Nous répondrons qu'entre tous, l'arbre de la science du bien et du mal doit être jugé par ses fruits. Depuis des siècles, les Chrétiens ont l'habitude de distinguer l'humanité en deux camps: les bons, c'est-à-dire les fidèles, destinés à acquérir, dans le clin-d'œil de la mort, une perfection imparfaitement désirée pendant la vie, à jouir d'un bonheur éternel après soixante-dix ans passés sans circonstances trop malheureuses ni tentations trop fortes; les méchants, marqués pour une souffrance interminable et inutile, sans aucun espoir de relèvement. Comme si la méchanceté du pire des méchants, eût-il assouvi sa colère dans le sang d'un semblable, pouvait égaler celle de ce père infiniment bon que ne doit pas apaiser une vengeance éternelle, tant est grande son horreur du péché ! Oh, rendez-nous les dieux et déesses classiques, qui, s'ils n'étaient guère plus vertueux, n'étaient jamais beaucoup plus méchants que les mortels !

Cette habitude de démarcation a pénétré notre justice, et le bourreau terrestre a été fait à l'image du bourreau céleste. Elle a pénétré toute notre vie, tout notre roman, tout notre théâtre. C'est à elle que l'art et la littérature doivent les types du traître accompli, qui ne pense que pour conspirer, ne parle que pour trahir, ne marche que pour frapper; et du parfait héros, toujours beau et bien peigné, toujours fort et courageux, toujours vertueux et heureux. Nos vierges rêvent de tels princes, et lorsqu'elles s'éveillent à côté d'un honnête garçon, fait comme les autres d'un mélange de bonnes intentions et de pauvres compromis, elles imaginent leur vie brisée et leur idéal incompris, sans s'apercevoir que le même mélange existe en elles, et fait même leur principal charme; car nous nous entendrions bien moins avec les anges qu'avec nos terrestres compagnes; nous serions tentés d'imiter l'exemple de cet individu qui se pendit de désespoir d'avoir épousé une femme trop parfaite. C'est dans leurs charmantes petites âmes qu'on observe le mieux l'illusion du bien absolu, lorsqu'il s'agit de l'homme qu'elles aiment; dès lors, aucune insinuation ne leur paraît assez perfide quand il s'agit de l'être haï. On a dit avec raison que la femme n'est ni une bête ni un ange, mais que celui qui la prend pour un ange est une bête. La bête est le dessous de l'ange, comme Satan est l'envers de Dieu.

Il n'y a guère de démons ni de dieux parmi les hommes. Ne devient pas Satan qui veut, et les neuf dixièmes des criminels ne sont que des ignorants ou des nécessiteux. Sans aller jusqu'à demander le libre jeu des passions, — car, d'après un très vieil adage, la luxure ne s'éteint pas plus par la satisfaction que le feu par l'huile, — on peut reconnaître, avec les Fouriéristes, que la plus grande partie de nos vices provient de nos besoins et de la difficulté que nous éprouvons à les satisfaire, et, avec les anarchistes, que beaucoup de délits sont créés par leur prohibition même. Le voile entretient le désir, et la méchanceté est, sinon la fille, au moins la sœur de l'ignorance et de la misère. De même, les neuf dixièmes des gens dits vertueux sont des imbéciles ou des orgueilleux. Leurs motifs sont disposés en échelle double. D'un côté, il y a la peur du châtiment corporel, unique base de la morale pour les animaux domestiques; vient ensuite la crainte du code pénal, qui joue le même rôle parmi certains bipèdes; la frayeur de l'ogre ou de l'enfer, qui maintient dans le devoir les individus et les peuples enfants; plus haut, nous trouvons la crainte du déshonneur, qui prescrit au bourgeois de sauver les apparences, et enfin la crainte du remords, le vrai commencement de la sagesse. De l'autre côté nous constatons le désir des emplois honorables, des décorations ou des diplômes, la fleur de l'intégrité greffée sur le tronc de l'ambition; l'espoir du paradis, inspirant aux sœurs de charité un dévouement sublime, qui serait divin sans l'espoir de salut personnel et d'épargne sur l'autre vie; le désir de mériter l'approbation des honnêtes gens ou des sages Gurus; l'altruisme de pur sentiment, qui soulage la misère, à la condition qu'elle ait l'âme vertueuse et les mains suffisamment propres; enfin le désir de la satisfaction de conscience et la pure notion du devoir. Au sommet, l'attraction et l'aversion se rencontrent: motifs et mobiles se confondent dans le vrai moteur, l'individualité de ceux qui en ont une. Et cette individualité-là est la créatrice des circonstances, par contraste avec la personnalité qui est leur créature. Elle ne pense pas d'après les journaux, elle ne sait pas d'après les livres, elle ne peut pas d'après des désirs, elle ne croit pas d'après des intérêts. La conviction capable de survivre à un soudain héritage est capable de survivre à la fusillade; l'aspiration que les tentations n'ont pu atteindre est digne de fleurir en paradis; et l'homme foncièrement bon continuerait à bien faire, même si M. Barthélémy Saint-Hilaire réussissait à démontrer que Nirvâna n'est que le néant. L'homme vraiment vertueux l'est par constitution, par nature, par instinct, par intuition. Ne craignons pas de saper les bases de la morale; car la vraie morale n'a pas besoin de base. En présence d'une occasion, celui qui a besoin de peser le pour et le contre de son dévouement, de tergiverser avec la souffrance d'autrui, « celui-là est né trop tôt dans une forme humaine. » Celui qui évite le mal par effroi « n'est qu'un esclave devant le fouet ». Celui qui fait le bien dans l'espoir d'une récompense « est un marchand vendant sa marchandise ». Le saint sait qu'il n'y a aucun mérite à aimer ce qui est aimable: ce qui a besoin surtout de pitié et d'amour, dans l'humanité, ce sont ses haines et ses ingratitudes, ses lèpres et ses vices. Le sage ne craint pas plus le mal que le bien, pas plus la vie que la mort; c'est pourquoi il ne commet ni mauvaise action ni suicide. Suivant Lao-tzeu, « il regarde le peuple comme un enfant, et toutes les créatures comme le chien de paille du sacrifice. Celui qui est vertueux et sincère, il le traite comme un homme vertueux et sincère; celui qui n'est pas vertueux et sincère, il le traite aussi comme un homme vertueux et sincère: et c'est là le comble de la vertu et de la sincérité ! »

L'égoïsme et l'altruisme sont des forces

complémentaires qui correspondent moralement à la contraction et à l'expansion physiques. Au fond, si la rivalité est un élément de progrès, l'association est la condition de ce progrès et de la rivalité même; et cette rivalité n'est jamais une fin, mais un moyen menant à quelque association d'ordre supérieur. Si des sauvages ne s'étaient entre-déchirés, les tribus ne se seraient jamais alliées; sans les combats entre tribus, point de motifs pour la formation des peuples. Les dissensions entre provinces préparèrent l'unité nationale. Ne pouvons-nous espérer que les boulets nationaux ouvriront une voie à la fraternité terrestre, et qu'après avoir lutté homme contre homme, nous lutterons continent contre continent, en attendant de lutter planète contre planète ? Vertu d'aujourd'hui, le patriotisme sera considéré dans quelques siècles comme un vice infâme. Un auteur américain retrouve dans l'économie sociale le même mode de développement et lui prédit un résultat analogue: le petit commerce fut un progrès sur l'échange individuel; nous le voyons actuellement ruiné et absorbé par les grosses maisons et les grandes compagnies coopératives. M. Bellamy croit que la rivalité entre ces dernières finira par nécessiter leur agglomération en syndicats nationaux, de sorte que la richesse publique serait gérée par la nation même; l'auteur de « Looking backwards » nous trace sur cette hypothèse le tableau élyséen d'un état social où la lutte pour l'existence n'aurait plus de raison d'être. L'égoïsme est certainement la force cosmique qui a dirigé l'évolution animale; l'individualisme est encore le ressort de notre activité sociale, et la rivalité, la pierre angulaire de notre industrie. Mais soutenir que le « Struggle for life » doit toujours rester la loi dominante de l'évolution, c'est reconnaître que l'on n'a pas dépassé le niveau animal. Demandez si l'état social actuel est le meilleur possible, non à ceux qui ont réussi dans la lutte, mais à ses victimes. Les avantages de la rivalité sont largement compensés par ses inconvénients. L'égoïsme est la principale cause de nos misères, de nos douleurs et de nos crimes. Sans lui, les mères ne maudiraient pas la fécondité, et les ouvriers ne briseraient pas les machines; mais le surplus des bras et des moyens de production assurerait à chacun un surplus de bien-être et une diminution de labeur. L'exploitation et la tyrannie, la nécessité et le travail forcé sont les meilleurs moyens de dégoûter un homme de sa tâche. La liberté produit de meilleurs travailleurs que la faim ou le fouet. Demandez à un artisan libre et sincère quel est le ressort de ses plus beaux efforts: il vous répondra que c'est l'amour de son métier plus que la nécessité de gagner son pain. L'enthousiasme et le désir de la perfection pousseront un artiste plus vite et plus loin que la rivalité ou l'espoir de gagner plus d'argent que ses confrères, ou même que les récompenses entrevues. Presque toujours, lorsqu'un homme de génie est saisi du désir de faire fortune, il perd son originalité et devient le plat flatteur des vices vulgaires: une décoration fait souvent tache sur un beau tableau. Les efforts rivaux des artistes vers la beauté, des poètes vers l'idéal, des philosophes vers le vrai, ne peuvent plus guère s'appeler rivalité: on les appelle émulation, et le terme est déjà presque synonyme d'union. Par quel mot désignerons-nous donc les efforts convergents des saints vers la vertu ?

Nous sommes fort mal placés pour nous ériger en juges sans appel de la valeur du bien et du mal. A chaque instant nous voyons mal tourner les résultats du bien que nous avons cru faire, et quelque chose d'heureux sortir de ce que nous considérions comme un mal: à chaque instant, comme dit Saint-Paul, « le bien que je voudrais faire, je ne le fais pas, et le mal que je ne voudrais pas faire, je le fais. » C'est que nos bonnes intentions, même lorsqu'elles ne sont pas entravées par notre faiblesse, sont aveuglées par notre ignorance. Il nous est déjà difficile de calculer les effets immédiats de nos actes, il nous devient impossible de prévoir leurs conséquences lointaines. Celui qui connaîtrait d'avance les résultats définitifs agirait sans doute presque toujours en contradiction avec son intérêt apparent, avec le bon sens vulgaire, ou même avec le bien relatif: à plus forte raison celui qui se placerait au point de vue d'un bien plus général. Car ce qui est bien pour l'individu peut être nuisible à sa famille, ce qui est injuste pour une commune peut être bon pour une nation, ce qui paraît mauvais sur terre peut être utile à l'univers. La philosophie orientale élargit notre horizon en nous enseignant que les tristesses de la vie physique sont largement compensées par le repos réparateur, le sommeil intermédiaire, la vie subjective, Dévakhan; ensuite, que si le mal prédomine actuellement dans le monde, et il est difficile de le nier, c'est parce que nous traversons une période inférieure de l'évolution et que nous sommes dans l'ère néfaste de Kali-Yug; mais que l'âge d'or reviendra et que l'humanité connaîtra des états spirituels assez exaltés pour effacer toute trace du mauvais rêve; enfin que le mal provient de l'ignorance, de l'égoïsme et du désir, c'est-à-dire de l'attachement à la matière, mais qu'il existe au fond de nous-mêmes un principe de science, de liberté, d'amour et de béatitude. Ces consolations s'étendent aux règnes inférieurs. Les animaux souffrent pour devenir conscients et responsables, et la douleur des bestialités est compensée par l'extase des divinités. L'inconscience souffre ici-bas, elle jouit dans d'autres sphères; la terre n'est qu'un point dans le ciel, l'enfer un instant dans l'éternité. Le plus grand bonheur possible à l'homme n'est que le dernier échelon de l'échelle des félicités. Car, d'après la Brihadaranyaka Upanishad : « Prenez un jeune homme noble et instruit, agile, ferme et fort, pour qui le monde entier soit rempli de richesses, voilà une mesure du bonheur humain. Multipliez par cent, vous aurez la mesure du bonheur des Gandharvas (génies) humains ou des grands sages libérés du désir. Multipliez encore par cent, vous arriverez au bonheur des immortels Pitris (divinités ancestrales), et, en suivant la même proportion, des Dévas, d'Indra, de Brihaspati, de Prajapati, et enfin de Brahman. Celui qui a sondé la béatitude de ce Brahman, dont la parole et l'esprit se détournent impuissants, celui-là ne craint plus rien ».

Tel est le sens des mythes de Prométhée, de la chûte des anges, et de l'arbre de la science du bien et du mal. La conscience dans la matière organisée, ou sensation, ne s'acquiert qu'au prix de la souffrance physique; la conscience mentale, ou intelligence, s'obtient au prix de la douleur morale; enfin, l'acquisition de la conscience spirituelle, de la sagesse intuitive, ou la seconde naissance, doit être précédée des épreuves de l'enfantement initiatique; la résurrection glorieuse suit la crucifixion volontaire. La douleur est indispensable au progrès, à l'existence même, ainsi que son contraire le bonheur. Mais ces antinomies se subtilisent à mesure que nous avançons dans la hiérarchie de l'être: de même que Suhkam, le plaisir grossier, devient Ananda, la félicité de plus en plus spirituelle, et finit par se perdre en la quiétude du Nirvâna, ainsi Duhkam, la souffrance, sous sa forme primordiale ou ultime, n'est même plus une propriété de Prakriti (la matière), mais seulement d'Avidya (l'ignorance, ou plutôt la non-connaissance). Il n'y a mal que par rapport à la conscience: bien plus, la conscience même du mal est déjà un bien. Hartmann ni Schopenhauer n'écrivaient sans une satisfaction intime leurs lamentations philosophiques. Il y a quelque chose de grand à sympathiser aux douleurs ou à observer ses propres souffrances: mieux vaut être Prométhée que le vautour. Enfin il reste un résidu divin au dessus de nos plus grandes joies comme de nos pires douleurs. Dans le naufrage de nos biens, de nos amours, de nos orgueils, dans les tourmentes de la souffrance physique, la conscience s'enfonce aux couches plus profondes, et flotte apaisée au-dessous des vagues impuissantes. Par contre, à quelque hauteur que gazouillent nos bonheurs, il reste toujours au dessus l'azur de l'inassouvissement: phénomènes complémentaires qui démontrent, dans l'homme jamais parfaitement heureux ni malheureux, l'existence d'un centre de conscience immortel, infini, et immuable dans sa sérénité. Cette béatitude ne peut se comparer à nos joies suprêmes pas plus qu'à nos extrêmes douleurs. Notre âme l'entrevoit, lorsqu'émus par la contemplation intense du ciel étoilé, nous sentons nos yeux se remplir de larmes.

En résumé, l'optimisme pas plus que le pessimisme ne sont des fins en soi, mais seulement des degrés par lesquels l'esprit humain pourra s'élever assez haut pour les regarder comme illusoires. Ainsi disparaissent, devant la réalité de l'aurore, les cauchemars des nuits amères et la douceur des rêves d'amour. L'antiquité avait reconnu ce caractère relatif de créations mentales aux joies et aux douleurs humaines, et invitait les sages à l'indifférence consciente au dessus des extrêmes, état transcendant d'équilibre dont « l'Invariabilité dans le milieu » des Chinois n'était qu'une pale copie, dont « l'Ataraxie » des Grecs n'était qu'un souvenir, et dont l'indécision morale de nos bourgeois est le pôle opposé. Les Yoguis allaient plus loin, et arrivaient à la même indifférence au point de vue de la sensation. Il y a longtemps qu'on a remarqué la ressemblance entre les effets de souffrances ou de plaisirs très vifs, entre les brûlures produites par le fer trop froid ou trop chaud. Organiquement, les sensations agréables ou déplaisantes se réduisent également à des vibrations et à des décompositions. Rationnellement, on peut considérer les cruelles voluptés des ascètes, des fakirs ou des martyrs comme des aberrations, mais néanmoins elles tendent à prouver que la ligne de démarcation entre le plaisir et la souffrance n'est pas aussi nettement fixée qu'il semble à première vue.

« La souffrance peut atteindre un degré d'intensité où elle ne se distingue plus de son contraire le plaisir. Mais peu de héros ont assez de force pour souffrir jusqu'à ce point. Il n'est pas moins difficile d'y arriver par l'autre route. Rares sont les élus qui possèdent la gigantesque capacité de plaisir qui leur permettrait de passer de l'autre côté. La plupart ne peuvent que jouir et devenir esclaves de la jouissance. » (1) M. Tesla vient de construire un dynamo qui donne 20 000 alternatives de courant par seconde, tandis que les machines ordinaires n'en donnent que 80 à 100: au moyen de condenseurs, il est arrivé à porter ce nombre jusqu'à un million et demi par seconde. Or, il n'y a plus d'isolateurs pour cette force considérable, qui traverse une plaque de vulcanite aussi facilement que l'air et même plus facilement. Mais ce qu'il y a de plus curieux, c'est que ces vibrations sont trop rapides pour exciter des vibrations correspondantes dans les

(1) Par les portes d'or.

nerfs du corps. Tandis que 2 000 volts suffisent à foudroyer un homme, ce courant de 50 000 volts le laisse complètement insensible (1). Tout le monde sait que nous ne percevons ni les sons trop aigus ni les ondes lumineuses trop rapides, et il est permis de supposer que les forces sensibles pour nous ne sont pas celles qui jouent dans l'univers le rôle le plus important. La lumière même, ou ce que nous appelons ainsi, n'est que de l'air éclairé, l'effet sur la matière d'une force qui dans l'espace ne doit exister que sous forme d'obscurité.

Ni dans la douleur morale ni dans la jouissance physique nous ne trouvons donc de raisons suffisantes d'ériger en systèmes l'optimisme ou le pessimisme. On n'en trouve pas davantage dans les lois de la nature. Le Dr Mainlaender, dans un livre paru voilà quelques années, essayait d'étayer sa désespérance sur « la loi fondamentale du développement et du processus compliqué de l'organisation,

(1) Nineteenth Century. Mars 1892.

qui n'est autre chose que la transformation de l'unité en pluralité. » Les symboles antiques disaient aussi que l'émanation n'était que la multiplication de l'Un; et ce passage de l'homogène à l'hétérogène pouvait être considéré comme le péché originel et la source du mal. Mais les anciens entendaient par l'Un, soit Dieu, soit le Tout, ou la Substance primordiale; et ils complétaient l'émanation par l'absorption, par la force centripète et bienfaisante, par le retour du multiple à l'unité. Au lieu que par « l'homogène », le Dr Mainlaender entend simplement le protoplasme terrestre. Tous les organismes, dit-il, se sont développés graduellement d'une forme unique et simple; la série des transformations par lesquelles passe le germe qui devient un œuf, un animal ou un arbre, n'est que le passage de la forme simple à la structure composée. Et étendant son système au progrès des institutions sociales, du développement des langues, des arts et des sciences, à l'évolution de la planète et de l'univers entier, trouvant dans toute complication progressive un pas en avant vers la dissolution de l'énergie, l'auteur se lamente sur « la loi fondamentale de la vie » et infiltre son pessimisme allemand jusque dans les racines de l'être. Il oubliait, comme l'a remarqué un critique russe, que « le processus de complexité progressive n'est pas seulement la séparation des parties, mais encore leur absorption mutuelle. Tandis qu'une partie des cellules se fondent l'une dans l'autre et s'unissent en un tout uniforme, constituant des fibres musculaires, du tissu cellulaire, d'autres sont absorbées par les tissus osseux et nerveux. La même chose a lieu dans la formation des plantes. » La même chose a lieu dans l'univers entier, où la force dissolvante de la divisibilité à l'infini est constamment contrebalancée par une tendance à la synthèse. Ce qu'il y a de plus étonnant, c'est que le disciple de Büchner et d'Hartmann revendiquait sa filiation des antiques formules aryennes, et déclarait sans broncher qu'il fallait considérer leurs conceptions philosophiques « comme les plus profondes vérités qui aient été PRÉCOGITÉES ET VOLÉES par les anciens sages à la pensée moderne » ! ! Certes le grand Bouddha, comme le remarque Mme Blavatsky, n'avait pas l'intention de faire « un manche pour la manivelle des pessimistes modernes, ni un porte-manteau pour pendre les doctrines fripées des matérialistes ! »

Après tout, l'avenir ne nous réserverait peut-être pas la renaissance orientale et la revendication de la pensée aryenne, si le passé ne nous avait gratifié des falsifications pessimistes et du puffisme matérialiste. Toute action amène sa réaction, dans la raison comme dans la nature. Sans la fermentation de l'erreur, la vérité ne germerait pas : il n'y a pas de vérité ni d'erreur absolue, et le progrès des vérités relatives n'est que l'élargissement successif d'erreurs nécessaires. La nature oppose partout les grands maux aux grands remèdes, et les leucophages aux microbes. Si les rochers n'étaient broyés, la glèbe ne s'amollirait pas pour recevoir des germes. Le progrès ne marche pas vers le bien, mais vers l'harmonie. La nature n'est pas seulement une marâtre cruelle et stérile, ne rendant que des ronces aux sueurs de l'homme, ne créant que pour détruire, prêtant l'abri de ses bois aux viols monstrueux et la douceur de ses aurores aux hécatombes les plus sanglantes, mettant dans nos corps des pourritures vivantes et dans nos cerveaux de folles combustions; elle est aussi une mère féconde et généreuse, aux mamelles et au ventre toujours pleins; elle ne refuse des corps ni aux atomes ni aux mondes, elle ne refuse la vie à aucun de ceux qui veulent vivre; elle allume, à son flambeau dont la flamme n'est jamais diminuée, toutes les étincelles et tous les astres, tous les yeux et toutes les fleurs. A nos blasphèmes et à nos déclamations, la nature ne répond que par le silence. L'être absolu est au-dessus du bien et du mal, et est à la fois le bien et le mal.

VII

LA BALANCE DE JUSTICE

La chimère d'Orient elle-même doit s'arrêter à la limite des conceptions humaines, car ici le repos ne se distingue plus du mouvement, et devant l'au delà, l'imagination replie ses ailes, la volonté rentre ses griffes, et la raison ferme ses yeux éblouis d'ombre. Le nom de cet horizon de l'éternité est, en occultisme thibétain, « tu n'iras pas plus loin »; et ses gardiens eux-mêmes, les Lipikas ou anges du jugement, se voilent la face devant le secret impossible non seulement à approfondir, mais encore à formuler. Aussi bien, la position conquise mérite de nous arrêter un instant, étant le carrefour d'où divergent, innombrables et infinies, les routes de la pensée. Nous avons atteint le grand faîte où viendront se réunir les contraires de l'existence et les contradictoires de l'entendement, le point neutre du fléau de la balance entre le néant qui est le tout et le tout qui est le néant. Ce tout, que nous appelons le Logos, est notre principe suprême; mais l'existence n'ayant jamais commencé et ne devant jamais finir, on ne peut dire, en bonne métaphysique, que le principe suprême soit le premier principe, plutôt que le dernier ou tout intermédiaire. Ce principe suprême est l'univers entier, non pas tel qu'il existe actuellement, mais conçu à l'époque la plus ancienne que puisse atteindre notre optique mentale, et sortant de l'état homogène où notre raison perd les fils qui le rattachaient aux univers précédents. C'est donc nous qui créons ce premier rayon de l'aurore manvantarique par un « Fiat lux! » philosophique, de même que nous disons le matin que le soleil se lève. La lumière absolue existait dans l'obscurité absolue, et comme les deux sont identiques, nous n'avons pas à nous occuper du mystérieux passage du non-être à l'être. Le néant devient le tout par un simple changement d'aspect ou de conception.

Cet aspect objectif de Parabrahm devant contenir à l'état potentiel tout ce qui a été, fut ou sera, nous y trouvons la matière, ou plutôt ce qui deviendra tel par condensation; car, en ce moment, la substance est encore raréfiée au point d'être identique à l'espace; nous y trouvons la force, ou plutôt ce qui actuellement n'est encore que l'immobile omniprésence, mais qui se manifestant sous une forme de plus en plus concrète, enflammera d'abord le brouillard de feu, puis imprimera la rotation aux astres solidifiés; nous y trouvons la conscience ou plutôt l'inconsciente omniscience qui deviendra l'instinct, la passion, la raison, et la soi-conscience, à mesure qu'elle pourra se manifester dans des êtres de plus en plus développés par l'évolution. Mais nous y trouvons quelque chose de plus précieux encore, la conciliation suprême des futures erreurs, ou plutôt des vérités partielles de la philosophie. Car ce principe, que les Matérialistes peuvent appeler Malaprakriti, ou pure matière, les spiritualistes Purushottama ou pur esprit, étant absolument tout, toutes les conceptions qu'on puisse s'en former doivent être vraies. Ainsi, le lecteur a peut-être compris que l'univers se reliait à l'Absolu sans solution de continuité; et cela doit être ainsi, sans quoi l'Absolu cesserait d'être tel. Mais s'il ne l'a pas compris, peu importe: son explication vaudra la nôtre. Le Tout absolu doit en effet receler le germe de ce qui dans l'homme deviendra le désir, et les racines de ce qui dans l'univers sera la loi universelle; et dire que l'univers a commencé par un désir de l'Absolu, ou par un débordement de perfection, ou par le développement de sa loi immanente, est également juste et également absurde. La fraternité sans distinc- d'opinions n'est pas un vain mot ni une tentative utopiste: pour celui qui sait, elle repose sur des faits scientifiques et des vérités logiques. Nous devons être fraternels envers nos semblables, non par charité philanthropique ou par tolérance de gens supérieurs; non pas en dépit de leurs opinions, mais à cause de ces opinions, mélangées comme les nôtres de vérité et d'erreur en proportions diverses. Le monothéiste affirme l'unité de Dieu: l'unité n'est-elle pas l'essence même de notre Tout homogène ? Et notre Verbe n'est-il pas le foyer d'où toutes les âmes de l'univers dérivent leur lumière ? Pouvons-nous donc condamner le panthéiste parce qu'il dit à ce principe universel: « Ce que tu es, je le suis », ou le polythéiste parce qu'il voit ce soleil central rayonner à travers une hiérarchie d'esprits divins ? L'athée ne trouvera rien à dire contre notre élément unique, et le matérialiste, en affirmant qu'il n'existe pas d'esprit sans matière, ne fait que proclamer l'indivisible identité de Purushottama et de Malaprakriti, les aspects subjectif et objectif de l'existence. Le positiviste même, en criant qu'il est impossible à l'homme de connaître le dernier mot des choses, ne fait que rétrécir autour de lui l'horizon de l'éternité. Ne reste-t-il pas, au delà même de Tout, tout l'insondable Parabrahm ? Et ne pouvons nous pas comprendre et imiter désormais le silence plein de commisération du Bouddha, lorsqu'on emploiera devant nous ces étiquettes en..iste, ces termes artificiels et vides qui servent de prétexte aux discordes humaines ? En vérité, ce n'est que que par leurs erreurs que les hommes sont divisés. La vérité est au centre d'un cercle dont les divers points de vue de la raison et de la morale humaines forment la circonférence.

Le sage sera celui qui, incorporant à son système de pensée la méthode du raisonnable équilibre, saura anéantir les conclusions erronées d'une école par celles de l'école rivale. Ce que nous conseillons n'est pas l'éclectisme, attitude des ânes de Buridan universitaires, philosophie du sens commun qui n'est trop souvent qu'un pot-pourri de vulgaires préjugés. On a dit que chacun avait une philosophie à soi, sauf le vrai philosophe. Ne pas avoir de philosophie à soi est autre chose que ne pas avoir de philosophie du tout. A ceux-là seuls qui sont capables de penser par eux-mêmes, nous recommandons la pratique impersonnelle des opinions complémentaires de la leur. Lorsqu'une réflexion approfondie et prolongée leur aura permis de se faire une opinion personnelle sur un sujet donné: une opinion qui ne soit pas dérivée des journaux, des livres ou de la conversation, comme c'est le cas pour neuf modernes sur dix; lorsqu'ils connaîtront bien la raison d'être de cette opinion, ses points évidents et ses côtés faibles; alors, mais alors seulement, que, sortant en quelque sorte d'eux-mêmes, ils cherchent à se mettre à la place de ceux qui pensent le plus différemment. Par ce moyen, ils éviteront de s'emmurer dans leurs propres convictions et de s'embourber dans leur propre ornière: le matérialiste ne tardera pas à se doubler d'un spiritualiste, le panthéiste à se compléter par un moniste. Au lieu que la plupart des penseurs ne songent qu'à se consolider dans une position établie, sans s'apercevoir que la forteresse construite par eux leur servira en même temps de prison et de tombeau.

Bien peu de gens se trompent volontairement, mais la vérité possède autant d'aspects qu'il y a d'esprits pour la concevoir. Il n'y a pas de cécité absolue en face du vrai, mais seulement divers points de vue individuels ou collectifs; ces points de vue changent suivant des lois cycliques; toujours, dans l'histoire, une réaction idéaliste succèdera à un âge matérialiste. C'est donc en pensée surtout que rien de ce qui est humain ne doit nous être étranger. Sortons du petit cercle de notre cérébration personnelle ou nationale; ouvrons notre esprit par les voyages autour du monde et à travers les siècles; interrogeons surtout les peuples qui ont pensé et senti autrement que nous; étudions l'antiquité, fouillons l'Orient, si nous voulons arriver à une conception vraie, normale, aussi complète que possible de l'humanité. Nous apprendrons ainsi à élargir les limites de notre mental et à mieux penser par nous-mêmes; à ne jamais nous étonner en présence de conceptions neuves, quelque étranges qu'elles puissent sembler à première vue; à n'être choqués d'aucune manière de voir; à chercher la vérité plutôt que l'erreur dans les opinions d'autrui, et le bien plutôt que le mal dans sa conduite; à éviter les incrustations mentales, la cristallisation des dogmes, et la fossilisation des formules, et à toujours oublier ce que nous savons pour nous souvenir de ce qui nous reste à apprendre. Et lors même que les livres nous feraient défaut, nous pourrions encore étudier ces fragments du divin qui sont les autres hommes, les autres nous-mêmes. Il n'y a que les petits esprits qui cherchent à faire bande à part avec leurs coreligionnaires. La vérité n'a rien à craindre des discussions, et les discussions ne deviennent désagréables que mélangées d'entêtement et d'égoïsme. Si, au lieu de chercher à tout prix à faire prévaloir son opinion, chacun ne songeait qu'à planter dans l'âme de l'adversaire un germe de réflexion pour l'avenir, sauf à lui laisser le dernier mot pour le présent; si en même temps nous cherchions à faire notre profit de la discussion, à nous placer au point de vue de notre critique, à examiner la part de vérité que peuvent contenir ses idées; la lumière ne tarderait pas à sortir du choc des opinions, pure de toute ombre et de toute tristesse.

Cette grande doctrine de Yoga ne serait pas moins applicable ni moins utile dans le domaine scientifique que dans celui de la philosophie. La science resterait exacte, mais cesserait de se croire définitive et universelle. N'était-ce pas de la science exacte, dans le temps, que l'acupuncture des Chinois, ou beaucoup plus tard, que la méthode des saignées ? Où commence la science exacte, à quelle époque et dans quel pays ? Est-ce avec

M. Pasteur et la théorie des microbes ? Mais un médecin militaire, M. R. Pringle, vient de retrouver la vaccine dans un vieux livre aryen ; et le grand sinologue Pauthier affirme qu'en Chine on guérit les cas de rage les plus invétérés avec des herbes ; quelques-uns de ces simples, envoyés à l'académie de médecine, y moisissent sans doute encore. Dutens a écrit un volume pour montrer que la plupart des découvertes modernes ont été connues dans l'antiquité. Mais sans aller si loin, n'était-ce pas de la science exacte que le magnétisme d'hier, aujourd'hui rebaptisé sous le nom d'hypnotisme ? Déjà à la Salpêtrière on guérit avec des fioles vides, rien qu'en montrant l'étiquette au patient. Ne sera-ce pas de la science exacte, demain, que l'étude des phénomènes psychiques, dont les hardis explorateurs ont trop souvent été traités d'aventuriers par ceux de leurs confrères qui se contentent de savoir ce qu'on leur a appris. Le jour où les savants adopteront la méthode du raisonnable équilibre, ils cesseront d'accueillir avec un superbe et imprudent dédain, des fakirs aux jeûneurs, tous les faits qu'ils n'ont pas ordonnés, classés, catalogués. Le jour où lès disciples de Darwin, qui ont déjà fait dire à leur maître bien de choses qu'il n'avait point pensées, s'apercevront que tout évolue, non seulement les modes médicales, mais encore les théories scientifiques, enfin et surtout la doctrine de l'évolution, on n'entendra plus les partisans de l'analyse à outrance, dont tels ont passé leur vie à étudier les parasites des poules, parler avec dédain des vieux et grands synthétistes, les Copernic, les Euler, les Newton, les Képler, ces faiseurs de systèmes, presque astrologues, presque alchimistes. On ne tardera pas à compléter l'analyse par la synthèse, et à se convaincrie que la vraie science n'est pas cantonnée dans l'étude microscopique de la matière, mais qu'elle appuie sur l'induction quelques-unes de ses plus belles théories. Les sciences physiques ne reposent-elles pas sur des hypothèses provisoires, qui d'ailleurs reparaissent périodiquement dans l'histoire, les atomes que nul n'a vus, ni leur père Epicure, ni leur grand-père Kanada, l'éther que nul n'a touché, pas plus que le Pater Œther des Grecs ou l'Akasa des Hindous ?

Ce qui caractérise véritablement la science moderne et fait sa supériorité incontestable, c'est sa méthode d'exactitude dans l'observation, de régularité dans la classification, et de prudence dans les conclusions. Mais il y a un point où le savant doit nécessairement devenir un philosophe, et où cessant d'augmenter sa science en surface, il doit l'étendre en profondeur, s'il veut, non seulement apprendre, mais comprendre. Et il y a un autre point où le philosophe doit devenir religieux, sous peine de rester un raisonneur. Nous entendons ici le mot religion, comme le mot science, dans leur sens réel. On arrive à la vraie science en grattant les excroissances parasites dont elle est aujourd'hui encombrée, telles que matérialisme, positivisme ou scepticisme. Si par un procédé d'élimination analogue nous essayons de dégager le caractère propre de la religion, indépendamment de telle ou telle religion, nous voyons à première vue qu'un système religieux se compose de culte, de dogme et de morale. Le culte, rituel ou pratique, n'est autre chose qu'un résidu scientifique ou magique. Le jeûne, les ablutions, la continence, le régime maigre, etc... sont les souvenirs d'une hygiène supérieure à la nôtre, mais dégénérée en superstition, tandis que les cérémonies allégoriques, baptême, imposition des mains, etc... proviennent de rites hiératiques. Quant au dogme, c'est un résidu philosophique. Les mystères de la trinité, de la rédemption, de l'incarnation, etc... sont simplement de grandes vérités intellectuelles, figées à l'état fossile, mais qu'il est possible de dégeler et d'expliquer sans faire appel à d'autres facultés que la raison pure; la révélation même n'est que le confus souvenir de l'enseignement des saints et sages instructeurs de l'humanité primitive. Enfin l'éthique religieuse, tout en appuyant à la fois sa morale sur des causes d'ordre pratique et d'ordre mental, contient un facteur d'origine différente et spéciale qui caractérise la vraie religion: c'est l'aspiration, qui se traduit par la foi, l'espérance et l'amour. L'aspiration intérieure et l'inspiration supérieure représentent le pôle religieux opposé au pôle scientifique. L'à priori est le pivot des religions, la déduction leur clef de voûte. Pendant des siècles, nul n'a songé à discuter les axiomes de l'Eglise, et ses docteurs se contentaient d'en tirer des conclusions érigées à leur tour en articles de foi. C'est seulement du jour où la philosophie commença à raisonner par elle-même que les prêtres cherchèrent à démontrer rationnellement l'existence de Dieu ou l'immortalité de l'âme. La religion emprunta à la philosophie quelques-unes de ses méthodes, et, grâce à cet expédient, elles vécurent en assez bonne intelligence jusqu'à ce que la science naissante vint réclamer sa place dans cet intérieur bourgeois. L'accord n'a pas encore pu se faire avec la nouvelle venue, mais celle-ci ne prendra le premier rang que quand elle saura apprécier, recueillir et utiliser l'héritage de ses aînées. La science ne sera complète et ne redeviendra l'antique synthèse, la Gnose ou Vidhya, que du jour où à ses méthodes propres, elle joindra celles de la philosophie et de la religion. D'ici là, elle restera la propriété exclusive d'un petit nombre d'intellectuels; ses progrès ne serviront qu'à améliorer le bien être des classes favorisées, à intensifier le « struggle for life » dont elle a fait un de ses axiomes, et parfois à fournir des armes terribles aux opprimés. C'est parce que le progrès moral ne marche pas de pair avec le progrès scientifique, que les plus belles découvertes ont fait autant de mal que de bien à l'humanité en général, depuis la boussole qui mena nos cruels ancêtres au milieu des peuplades américaines, jusqu'à la chimie qu'étudient tous les falsificateurs de denrées alimentaires.

L'Altruisme est un sentiment religieux,

dans toute l'acception du mot: le terme Religion est la traduction exacte du mot Yoga; tous deux signifient l'union spirituelle de l'homme avec l'Esprit Universel, présent en lui-même et dans tous ses semblables, dans tous les êtres et sous toutes les choses. Si la religion n'avait d'autre mission que de constater cette union, elle ne serait qu'une inutile doublure de la philosophie, car c'est à cette dernière qu'il appartient de prouver la vérité; mais c'est à la religion qu'il appartient d'exhorter les hommes à en pratiquer les conséquences. La philosophie s'adresse au mental, la religion au cœur. Or l'amour se sent plutôt qu'il ne se démontre et tous les sermons sont vains qui n'ont pas pour but de faire sentir à l'homme cette divine et humaine communion, et d'opérer la transubstantiation des passions en aspirations, c'est-à-dire des vices en vertus. Malheureusement nos religions ont dégénéré en cultes, et la religion est devenue les religions; la flamme sacrée que les prêtres avaient pour mission d'entretenir s'est éteinte dans les temples, et les prêtres se sont faits vendeurs. Cette flamme a servi pourtant à allumer un certain nombre de flambeaux: l'enthousiasme que nos pères traduisaient en adoration, les modernes le dépensent en amour, en poésie, en art; car l'homme, dans les âges les plus matérialistes, ne peut jamais se dépouiller complètement de ses aspirations vers l'idéal.

Les facultés religieuses ou philosophiques sont aussi naturelles à l'homme que les facultés scientifiques. L'évolution d'un individu intelligent, même suivie dans le court espace d'une seule existence, passe en général par ces diverses phases, et celle de l'humanité entière n'est que le développement de ces aspcts successifs d'une même réalité. Il ne faut pas plus diviniser ou condamner la science d'aujourd'hui que la métaphysique d'hier ou l'adoration de jadis; le sage considérera la science, la philosophie et la religion comme les trois personnes de la Vérité une, et s'efforcera de devenir à la fois un savant, un penseur et un saint. Le besoin des saints se fait sentir à notre époque où les intellectuels courent les rues. Dix justes préservèrent une ville de la colère céleste; mille littérateurs n'y auraient pas suffi. Le roman moderne ne sait que substiliser les passions et retremper son pessimisme dans la sensualité. Où veut-on que se réfugie le paria, heurté par l'intempérie des éléments, l'inclémence des choses et l'égoïsme des hommes ? Dans l'amour ? Mais la civilisation l'a rendu vénal ou impossible, et la nature même le fait parfois mortel, coup de pied de l'âne ! A l'église, comme jadis ? Mais les bonbonnières qui nous servent de temples sont encombrées de troncs et de places réservées pour cette vie et pour l'autre, comme les cimetières d'ailleurs. A l'assistance publique? Hélas! On y a trouvé des employés malhonnêtes, mais y trouvera-t-on des saints? Ils sont loin, même par delà l'Himalaya, ces Gurus, ces Mahatmas, ces Christs que notre fin de siècle appelle d'un cri instinctif et désespéré, même entre les lignes de ses romans les plus chevelus ! Nos savants n'ont du prêtre que l'air pontifiant et le ton dogmatique: ils savent tout, sauf parfois se conduire eux-mêmes. Nos prêtres sont pour la plupart des paysans à l'esprit étroit, des jouisseurs à face hypocrite, ou des ambitieux aux instincts commerciaux. Nos littérateurs, même ceux qui parlent bien haut d'idéal, sont, dans leur vie privée, des assoiffés de vice et de réclame. Nos journalistes, dont la puissance est devenue colossale sur le peuple... n'en parlons pas, pour ne pas crisper les esprits délicats. Oh ! Diogène pourrait chercher longtemps un homme normal, s'il revenait hanter nos places publiques, même avec une lanterne électrique !

Pour vivre dans le vrai, pour se maintenir dans le réel, il faut connaître tous les aspects de la réalité, les vrais comme les faux. Pour savourer la goutte d'élixir cachée au fond de la coupe de vie, il faut en avoir épuisé l'amertune: pour jouir de « la paix qui dépasse tout entendement » il faut avoir approfondi la désillusion de toutes les fausses joies, c'est-à-dire de toutes les souffrances. C'est par là, et par là seulement, que la souffrance est utile: nous souffrons tant que nous avons besoin de souffrir. Cette doctrine ne sera comprise que du petit nombre. Ils sont rares, mais ils existent pourtant, ceux qui peuvent regarder avec une égale pitié le riche et le pauvre, le croyant et le sceptique, et même le vertueux et le méchant. Car la doctrine du raisonnable équilibre est aussi nécessaire en morale qu'en science ou en philosophie. La justice éternelle est indépendante de la justice humaine, heureusement. La morale absolue ne peut être formulée, et toutes les morales, même les plus belles, sont relatives, muables et contradictoires. Ecoutez les grands réformateurs de l'humanité: Lao-tzeu prêche le non-agir, Krishna conseille l'action quand même. Jésus tend la joue gauche après la droite, mais la science déclare que la lutte est la loi du progrès. Buddha proclame l'anéantissement du désir, Fourier veut développer et utiliser les passions. Où trouverons-nous le minimum de morale applicable à tous les temps et à tous les peuples ? Dans l'abstention du meurtre ? Mais nos nationalités reposent sur la force armée. Proscrirons-nous le vol ? Certains nous répondront que c'est proscrire la propriété. L'illusion, ici encore, consiste à prendre pour morale absolue ce qui n'est que moralité relative. La morale varie suivant les lieux et les époques. La quiétude de Lao-tzeu favorise l'éclosion spirituelle, les préceptes de Fourier sont adaptés à une ère d'activité matérielle. Le sage se compose un bouquet de vertu des fleurs de tous les climats. La morale est une chose individuelle, intime et intransmissible; aussi, pour que l'humanité soit bonne, il faut que l'individu s'améliore. Le devoir unique et suprême, pour chacun de nous, est de se tracer un idéal de moralité aussi élevé que possible et de s'efforcer de le réaliser indépendamment des conventions locales. Lorsque nous l'aurons atteint, les lois contradictoires des moralistes nous paraîtront également bonnes ou également indifférentes. Toutes sont des moyens, mais non des fins en soi. Ce sont les routes qui conduisent au bien; ne nous endormons pas au bord du chemin, arrêtons-nous seulement le temps nécessaire pour reprendre des forces. Il n'y a pas de morale plus élevée que le progrès.

La vraie vertu est l'apanage de ceux qui ont parcouru le cycle complet de l'initiation morale. L'innocence de l'enfant n'est que de l'ignorance, celle de la vierge n'est que de la naïveté. Le saint redevient « semblable à ces petits », mais son innocence est consciente: il est constitutionnellement incapable de faire le mal, comme l'enfant; mais celui-ci n'a pas affronté son organisme, celui-là l'a dompté. Ce n'est pas en ignorant le vice qu'on peut l'éviter, au contraire. Nos jeunes gens, comprimés par une éducation restée jésuitique, s'émancipent avec l'impétuosité d'un torrent rompant ses digues. Les aspirations de leurs vingt ans, qui pourtant ne contenant rien d'infâme, étaient toute tendresse et tout amour, sont englouties dans le courant qu'elles grossissent et accélèrent. Bien peu sauront rester bons après avoir été dupes, redevenir calmes après avoir bouillonné, et retrouver dans leur crépuscule la céleste pureté de leur aurore. Ceux-là « entreront dans le royaume de Dieu », ayant appris la leçon de la vie. Mais combien meurent sans même l'avoir comprise, le corps usé et l'âme inquiète ! Ils n'ont pas à désespérer pourtant, car l'onde deviendra d'autant plus claire qu'elle aura roulé plus de sable. Les tièdes seront rejetés : certains criminels fougueux sont plus près du but que le bourgeois le plus apathique; certaines prostituées sont plus près de la chasteté que bien des filles honnêtes, dont les lubriques désirs empoisonnent l'atmosphère ambiante. La femme possède généralement plus de spiritualité que l'homme, aussi peut-elle descendre plus avant dans le vice, et rester moins coupable, étant moins consciente. Cette loi d'évolution est la même pour les peuples que pour les individus. Les chemins de fer servent souvent à apporter le crime entre les ballots de produits perfectionnés, à des populations dont l'honnêteté ignorait les serrures, et qui ne tardent pas à devenir pires que leurs corrupteurs. Mais un jour viendra où les derniers seront les premiers, où l'humanité en bloc entrera dans l'âge d'or, qui est à la fois passé et futur. Alors le visage de l'homme ne sera plus hostile à l'homme: on n'y lira ni la fausse dignité de ceux qui croient savoir, ni les rides de ceux qui se sentent coupables: on n'y verra ni nos rires qui grimacent, ni les larmes qui nous défigurent, ni l'inquiétude passionnelle qui est notre trait caractéristique; mais les visages humains refléteront l'innocence des anges en même temps que le pouvoir des dieux.

L'aspect physique de l'humanité évolue comme sa condition mentale et morale. Nous devons développer notre corps en même temps que notre esprit, car la loi de Karma s'applique à l'un comme à l'autre. Pour qui sait comprendre la métaphysique de l'hygiène, c'est presque une faute d'être malade: toute maladie indique une imprudence physique ou une crise morale. La pratique du végétarisme, de la tempérance, de la continence, suffirait à nous débarrasser des trois quarts de nos maladies, tandis que les drogues empiriques ne font que les aggraver. Le corps de l'homme, « cet animal à bonne odeur » et naturellement sain, contient des potentialités inouies de bien-être et de souplesse. Ce n'est pas de la souplesse des acrobates que nous voulons parler, bien qu'elle montre où l'on peut arriver par l'entraînement. Mais tout développement partiel produit des monstres: et l'intellectuel au visage exsangue est un phénomène, tout comme l'athlète aux muscles de taureau. Nos jeunes civilisés se font parfois un idéal de vie, quelques-uns cherchent à le réaliser, mais neuf fois sur dix cet idéal est déterminé et incomplet. Ils deviennent des délicats aux mains blanches, incapables de manier une barque ou de causer avec un ouvrier ; ou bien d'intrépides sportsmen, inaptes à écrire une lettre et vides de toute pensée originale. Viennent les revers, les voilà déclassés, traînant par la vie la malédiction de leur éducation. L'homme bien élevé devrait être capable de faire le coup de poing comme le coup de plume, de fabriquer une table comme de peindre un tableau. Il n'y aurait pas besoin pour cela de surcharger l'éducation, au contraire: il faudrait cesser de la gaspiller, de fabriquer des bacheliers en masse, de leur faire perdre leurs plus belles années à réciter des mots, et surtout d'élever les enfants pour être ingénieurs, médecins, avocats, fonctionnaires, de les vouer dès le berceau à une carrière donnée; il faudrait moins s'inquiéter de prédire ce qu'ils seront et s'inquiéter davantage d'en faire des hommes; il faudrait observer leur caractère, non pour le comprimer, mais pour en tirer parti; il faudrait laisser un peu d'air à cette individualité que l'on enferme dès le début, dans des lycées, puis dans des casernes, dans des bureaux ou dans des salons; sous ces bandelettes sociales, rien ne peut croître que la personnalité mesquine; tels ces arbres décapités annuellement, et réduits à pousser de parasites rejetons par la base de leur tronc. Mais laissez donc chaque être grandir et se modifier d'après sa nature propre !

Quand on songe que le changement est la seule chose éternelle, et que le déroulement du kaléidoscope universel n'a d'autre raison d'être pour nous, que de nous fournir matière à expérience et à idées neuves, on est étonné de la persistance de cette tendance qui pousse l'homme à se proclamer roi de la création, à poser la terre comme centre du monde, à regarder son époque comme le nec plus ultra de la perfection, à fixer d'immobiles points de repère dans ses conceptions, dans sa conduite, dans sa vie. Que chacun de nous examine par exemple ce qu'il appelle son avenir, ce domaine magique que nous peuplons par avance de toutes sortes de félicités; oubliant à la fois les tristesses du passé et la vulgarité du présent, l'âme bâtit ses châteaux dans le futur. C'est le fameux jour où nous serons riches, où nous serons heureux, où les rêves seront réalisés, les difficultés vaincues. Ah, qu'il nous paraît long, cet avenir de Tantale qui fuit devant le présent, et comme nous oublions facilement qu'il se terminera peut-être demain! Examinez les termes mêmes du rêve du bourgeois ordinaire: une position stable, une vie assurée, une situation assise, une vieillesse tranquille, un bonheur calme, des revenus inébranlables. Toujours le besoin de sortir du tourbillon, d'entrer dans l'immobilité. Or l'immobilité où nous entrerons tous, c'est celle de la tombe, et encore ne trouverons-nous là qu'un sommeil temporaire. Cependant entre l'espoir de l'avenir et le regret du passé, le présent s'échappe, comme un rêve entre deux rêves. Et comme ce désir d'immobilité est bien en même temps un désir égoïste! Ce que rêve le bourgeois, ce n'est pas seulement une position stable, c'est aussi une vieillesse enviée; ce n'est pas seulement une vie bien assise, c'est en même temps une situation dominante. Nous oublions toujours que ce serait un grand supplice d'être immobilisés dans la jouissance; que la peine et le plaisir, chez un même individu, n'existent qu'aux dépens l'un de l'autre, et que, dans la société, le faux bonheur du petit nombre est acheté au prix des souffrances plus réelles de la masse.

Comprenons donc enfin l'inutilité sociale et individuelle de la lutte pour l'existence. Cessons de gaspiller notre activité pour trouver une impossible immobilité: cessons de penser à l'exclusion de ceux qui ne pensent pas comme nous, cessons de vivre au mépris de ceux qui vivent autrement. L'illusion d'une immuable centralité est si bien ancrée dans nos mœurs, que l'on considère comme un titre de respectabilité d'avoir des principes solides, d'inaltérables incrustations morales. Sans aller jusqu'à dire qu'avoir des principes, c'est avoir des vices, on peut tout au moins les comparer à des oreillers. Ils sont élastiques, les coussins du confessional, les fauteuils des jurisconsultes, et les canapés des conventions sociales. Ils sont élastiques comme la morale, qu'ils représentent, qui serre les poucettes autour des mains de l'affamé qui vole, et élargit l'auréole autour du front du conquérant qui tue. Elles sont commodes, les règles qui vous dispensent de prévoir les conséquences de vos actes, les formules qui vous dispensent de peser le pour et le contre. Les gens à principes voient la vie facile en vérité: ce n'est pas eux qui doutent de la conduite à tenir en telle ou telle circonstance. Ils ont des règles toutes faites, toujours les mêmes, établies d'avance, et s'appliquant à tout, comme jadis le jugement de Dieu. Un sceptique disait: « Moi j'entends bien ma conscience, mais elle me parle avec tant de voix, que je ne sais laquelle écouter. » Eux vous diront: Allez demander à votre directeur spirituel; ou bien, adressez-vous au tribunal civil; ou encore, consultez un maître d'armes. Ou enfin, sans le dire, ils suivront leur intérêt dominant, leur vice suprême, l'exemple d'un tel, que sais-je ? Mais les motifs de celui qui veut agir avec rectitude et non suivant les apparences, sont beaucoup moins faciles à démêler, même pour lui-même. D'après Lao-tzeu, « le sage n'a pas de sentiments immuables: il adopte ceux du peuple, tout en considérant le peuple comme un enfant. Il pratique le non-agir, et parvient à la félicité par un calme prolongé. » Autrement dit, il vit comme les lys des champs et les oiseaux des branches. Il n'a pas de sentiments immuables; cela ne l'empêche pas de sentir. C'est parce qu'il sait qu'il s'adapte à l'ignorance du peuple. « Il se couvre de haillons et cache des joyaux dans son sein. » Il fait la charité sans se proclamer Bouddhiste ni Chrétien, il traite également riches et pauvres, bons et méchants, sans se déclarer socialiste, il enseigne la vérité, sans se dire panthéiste. Il est au-dessus des espoirs exagérés et des folles défaillances. Il ne perd pas son temps à regretter le passé et à désirer l'avenir: le présent seul mérite son attention. Il ne vit pas dans l'inquiétude d'arriver, de parvenir : il fait le bien, et laisse à la justice immanente le soin d'adapter les conséquences, à la loi le soin de le mettre à sa place dans l'ordre naturel. Aussi marche-t-il vers la perfection, même par ses chûtes, vers la paix, même par ses souffrances, vers la vérité, même par ses erreurs. Ce non-agir, cette inertie volontaire et consciente opposée à l'activité turbulente et mauvaise, cette indifférence aux résultats n'est pas de l'insouciance, au contraire, c'est de la confiance en la justice. C'est nous qui sommes imprévoyants quand nous faisons le mal et que nous nous démenons pour en tirer profit, au mépris des lois de la nature. Cette inertie-là est celle d'un corps en mouvement, et la morale de Lao-tzeu est identique à celle de la Bhagavat-Gîta : « Sois attentif à l'accomplissement des œuvres, jamais à leurs fruits; ne fais pas l'œuvre pour le fruit qu'elle procure, mais ne cherche pas à éviter l'œuvre. Ce n'est pas par l'abdication qu'on parvient au but de la vie; tout homme, malgré lui-même, est mis en mouvement par les fonctions naturelles de son être. Sache que l'acte procède de Brahmâ, et que Brahmâ procède de l'éternel. Celui qui ne coopère pas ici-bas à ce mouvement circulaire de la vie, vit inutilement; mais en agissant avec abnégation, l'homme atteint le but suprême. » Et chacun atteindra son but d'autant plus vite qu'il aura perdu moins de temps à combattre les autres, chacun vivra d'autant mieux qu'il luttera moins pour la vie. D'après Tolstoï, le doux nihiliste: « L'illusion consiste dans cette ferme conviction que notre existence ne peut être assurée que par la lutte avec autrui. Nous sommes si bien accoutumés à cette illusion, à cette prétendue sécurité de notre existence et de notre propriété, que nous ne comprenons pas ce que nous perdons en nous efforçant de l'obtenir .Nous perdons tout, nous perdons la vie même. Toute notre vie est prise par l'anxiété de la sécurité personnelle, par des préparatifs pour vivre, de sorte qu'en réalité nous ne vivons jamais. » Un Épicurien avant la lettre, nommé Yang-Chao, presque contemporain de Lao-tzeu, disait à peu près la même chose: « Les anciens obéissaient aux paroles de leur cœur, sans faire attention aux aiguillons de la gloire. On devrait traiter la vie et la mort avec indifférence; mais l'espoir du bonheur futur fait perdre le bonheur présent. L'enfance et la vieillesse occupent la moitié de la vie, le sommeil et le temps perdu la moitié du reste, la maladie, le malheur, l'anxiété, une autre moitié; restent dix années environ: encore n'y pourrait-on trouver une heure d'abandon complet ! »

Vers la même époque, des réformateurs étranges parcouraient les campagnes de la Chine, vêtus de peaux de bêtes et armés d'énormes gourdins; ils prêchaient le renversement des institutions sociales et le retour à une vie naturelle. Le bourgeoisisme conservateur était alors tout puissant comme aujourd'hui, et cela se passait six siècles avant notre ère. Meng-tzeu, un des piliers de la philosophie des Lettrés, attaqua violemment Mih-Tieh, qui prêchait l'anarchie de l'amour et... la simplicité des funérailles. Dans l'un des 71 livres de ce dernier, intitulé « traité de l'amour libre », on lit le passage suivant, qui montre que l'amour a été prêché avant Jésus : « C'est l'habitude de distinguer l'homme de l'homme qui produit tout le mal ; le manque d'amour mutuel est la source de tous les désordres. Si chacun regardait comme sienne la maison du voisin, qui trouverait-on pour voler ? Si chacun regardait comme sienne la personne du voisin, qui trouverait-on pour frapper ? Si les princes regardaient comme leurs les états voisins, qui trouverait-on pour attaquer ? L'amour universel répandu dans l'empire y assurerait l'ordre et le bonheur, comme la haine mutuelle mène à la confusion. Ceux qui ont de bons yeux et de bonnes oreilles entendraient et verraient les uns pour les autres ; ceux qui ont des membres forts ou une bonne intelligence remueraient et penseraient les uns pour les autres. Il arriverait que les vieux, qui n'ont ni femme si enfants, trouveraient des gens qui les supporteraient et leur permettraient de compléter leurs années; et les jeunes et les faibles qui n'ont pas de parents, trouveraient des soutiens qui les élèveraient. Celui qui raisonne ainsi, s'il voit que son ami a faim, le nourrira; s'il a froid, il le vêtira; malade, il le soignera; mort, il l'enterrera. Celui qui hait les parents des autres peut-il s'attendre à ce qu'on aime les siens: or l'homme qui aime ses parents désire-t-il que les autres les aiment ou les haïssent ? Celui qui aime sera aimé, celui qui hait sera haï. Il ne faudrait pas plus d'une génération pour changer les manières du peuple. Les hommes répondraient au bienfait par le bienfait, comme ils répondent à l'injure par l'injure. Prendre la montagne Tae sur son dos, et sauter avec par dessus le Keang ou le Ho, est une chose qui n'a jamais été faite, depuis la plus haute antiquité jusqu'à présent, depuis qu'il y a des hommes; mais l'exercice de l'amour mutuel et l'échange de mutuels bienfaits, cela a été pratiqué par les anciens sages et les six rois. »

Mih-Tieh écrivait encore: « Condamner les gens, sans avoir les moyens de les changer, c'est comme si on les sauvait du feu pour les plonger dans l'eau. » En supprimant le criminel, la société ne fait que punir un crime par un autre, comme l'individu en rendant le mal pour le mal. En le mettant dans l'impossibilité de nuire, elle ne fait que la moitié de son devoir. La vraie doctrine sociale et individuelle a été prêchée par Buddha. Ce n'est pas la non-résistance au mal, mais le raisonnable équilibre du mal par le bien. " Envoyer se faire prendre ailleurs » est aussi égoïste et néfaste que « rendre le bien pour le mal » est sage et divin. Lao-tzeu n'entendait pas l'inertie au sens de résignation chrétienne. L'indifférence sociale est la pourvoyeuse des prisons. Quant aux individus ils oublient trop souvent que le premier de leurs devoirs est de prévenir, d'empêcher, d'arrêter le mal par tous les moyens possibles. Nul n'a le droit de se laisser exploiter ou maltraiter, ni de laisser exploiter ou maltraiter son semblable. La lâcheté ôte toute valeur à la bonté, et l'apathie est le pôle opposé du non-agir de Lao-tzeu, de cette faiblesse qu'il appelle la plus grande des forces. Le peuple peut devenir terrible rien qu'en refusant de bouger, et se débarrasserait ainsi d'une foule de tyrannies: nos grévistes le comprennent bien. Dans ce sens-là, ne rien rendre du tout est un progrès sur l'instinct bestial qui nous pousse à riposter à une morsure par un coup de griffe. Mais l'idée de punition, d'origine sémite, est un corollaire du dieu vengeur. C'est parce que la violence appelle la violence, que l'histoire de l'humanité est une déduction fatale et interminable de crimes et de malheurs. La violence a fait échouer les plus nobles entreprises, et annule l'effet des plus justes revendications. Les bienfaits de la Révolution ont été l'œuvre des penseurs qui l'ont précédée, et les réactions qui l'ont suivie furent la conséquence de ses excès: la triple et quadruple alliance d'aujourd'hui est le revers de la paix de Tilsitt; et la même leçon se dégage de tous les temps et pour tous les peuples: l'erreur de la théorie « dent pour dent, œil pour œil » est démontrée par l'expérience des siècles. « Le nombre des victimes de la guerre dans notre siècle seul monte à trente millions d'hommes », dit Tolstoï. « Des milliers de millions d'êtres ont péri, écrasés par un système social organisé sur le principe de la doctrine du monde. Mais où, de nos jours, trouverions-nous un million d'êtres, un millier, une douzaine ou un seul, qui aient péri de mort cruelle, ou même aient souffert de la faim ou du froid, en faveur de la doctrine de Jésus ? »

Un aphorisme oriental dit que « la haine ne s'éteint pas par la haine, mais par l'amour. » Le mal ne peut produire tous ses effets qu'à condition de rencontrer une résistance mauvaise et égale. La vengeance double les forces du mal; l'inertie en suspend les effets, l'action quand même en annihile la nocuité, mais le bienfait en retour détruit jusqu'à ses racines. Ce principe bouddhiste et chrétien est le corollaire de la loi de Karma et la conclusion de notre livre. L'amour et la haine étant les deux extrémités de la roue de l'illusion, tout ce qui tend à les écarter tend à élargir la Maya. Toute déviation du pendule produira fatalement une déviation en sens contraire. Nous n'entrerons au Nirvâna qu'après avoir égalisé l'actif et le passif de notre Karma, après avoir introduit dans le monde autant de bien que nous y avions causé de mal. Par conséquent notre passé de méchanceté animale et de crime ignorant ne peut s'expier que par un remboursement forcé d'actions altruistes et bienfaisantes. Soyons bons, car une lourde dette pèse sur l'humanité: n'ajoutons rien à ce terrible fardeau qui a enfoncé notre race dans l'âge noir et notre planète dans les régions de la souffrance. Dirigeons tous nos efforts pour changer le sens de l'oscillation, pour hâter le retour des âges d'or et des cycles de lumière. Et si nous sommes encore assez novices, comme dit un proverbe chinois, pour trouver du plaisir au vice ou de la peine à la vertu, songeons que ce sacrifice est le seul que nous puissions faire à l'humanité, et le seul efficace. Les saints, les sages, les hommes de bien, voilà nos vrais sauveurs, nos rédempteurs, et non les martyrs ou les victimes expiatoires. Le Bouddhiste doit pousser à ses dernières limites et appliquer à lui-même son respect absolu de la vie, son horreur de la violence. Le sang versé ne peut produire de bons résultats, pas plus celui des victimes que celui des bourreaux. L'humanité rachetée par le sang du Christ n'est ni meilleure ni pire qu'avant: c'est par sa vie, et non par sa mort, que ce sage a pu lui faire quelque bien. Il faudrait enfin faire justice de tous ces vieux clichés: si l'on pouvait dévouer sa vie pour l'humanité, il est à espérer pour l'honneur de notre race que tous ceux qui rêvent de suicide choisiraient cet héroïque et utile genre de mort. Voilà assez longtemps que des milliers de héros meurent sur les barricades, sur les champs de bataille, pour ne pas faire triompher une seule cause: car si leur cause triomphe, c'est aux survivants que ce triomphe est dû. Les vivants peuvent aider l'humanité, et non les morts ou les dieux. L'odeur du sang ne peut plaire qu'aux tyrans célestes ou terrestres, et l'apothéose est l'encouragement illusoire de l'inutile sacrifice. Les héros de la guerre ne sont que de pauvres inconscients emballés, en proie à un néfaste hypnotisme: le supplice des martyrs n'a fait qu'affaiblir leurs revendications, en retarder la réalisation, ou en faciliter la répression: la mort de Jésus même fut due à une imprudence, et a privé l'humanité de plusieurs sermons sur la montagne. Ce qui mérite l'admiration n'est pas le Golgotha, la torture physique de quelques instants, mais le Gethsémani, l'angoisse morale de l'initiation, la douleur de l'enfantement spirituel, le sacrifice volontaire qui s'étend à plusieurs incarnations; sacrifice de nos passions mauvaises à nos bonnes aspirations, de l'égoïsme à l'altruisme, de l'animal que nous avons été au dieu que nous voulons devenir.

Microcosme du macrocosme, l'homme contient potentiellement une divinité infiniment supérieure à tous les dieux transitoires et impuissants qu'il a créés par extériorisation. Ambitieux, il a voulu embrasser dans sa faible étreinte l'univers entier, et ses bras ne se sont refermés que sur sa propre image: le seul aspect connaissable de l'Absolu est son aspect humain. « Voulez-vous apprécier le Tout, cherchez-le dans l'infime », dit Gœthe. Tout est dans tout, et l'absolu existe dans l'âme humaine. Les causes premières ne sont pas seulement au delà du temps; elles s'engendrent elles-mêmes dans le présent. L'infini n'est pas seulement au delà de l'espace; il est au fond le plus intime de notre être. Nous serions en Nirvâna, ici et maintenant, si seulement nous savions que nous y sommes. Apprenons donc tout le prix de cet instant où nous parlons et qui est déjà loin de nous. C'est dans le présent que nous pouvons agir, c'est dans le présent que nous pouvons progresser. Hommes, vivons pour et dans l'Humanité, c'est là le véritable héroïsme; vivons pour ceux qui nous entourent, c'est là le devoir; et comment notre amour irait-il au delà, s'il ne peut rayonner sur le cercle de nos proches ? Vivons enfin pour nous-mêmes, c'est la nature: non pour gratifier et perpétuer l'homme sensuel que nous avons pu être, mais pour devenir l'homme normal et complet, pour réaliser les sublimes possibilités enfouies dans le grand mystère de l'homme-dieu. Quand nous aurons entendu au fond de notre âme le vagissement du Verbe fait chair, nous n'aurons plus besoin de profaner l'inexprimable par d'inadéquates expressions. Il nous suffira d'écouter cette profonde voix du silence pour comprendre qu'en vérité le SECRET DE L'ABSOLU est le SECRET DE L'HOMME.

TABLE DES MATIÈRES

LA SOCIÉTÉ THÉOSOPHIQUE

RENSEIGNEMENTS

A L'USAGE DES ÉTRANGERS

But : La Société Théosophique a pour but :

1° De former le noyau d'une fraternité universelle, sans distinction de sexe, couleur, race, rang, credo ni parti.

2° D'encourager l'étude des littératures, religions et sciences aryennes et orientales.

3° D'approfondir les lois inexpliquées de la nature et les pouvoirs psychiques latents chez l'homme.

Les deux premiers de ces objets sont exotériques et se basent sur l'unité de la Vie et de la Vérité sous toutes les divergences de forme et d'époque. Le troisième est ésotérique et s'appuie sur la possibilité de réaliser cette unité et de comprendre cette vérité.

On ne demande aux membres de la S. T. que d'adhérer au premier de ces objets. L'adhésion aux deux autres est facultative. Le troisième objectif n'est poursuivi que par une partie des membres de la Société.

La devise de la S. T. étant qu'*Il n'y a pas de religion plus haute que la vérité*, personne n'a le droit de s'immiscer dans les opinions religieuses d'un candidat, et on ne lui demande que d'exercer envers ses confrères, la tolérance dont il jouit lui-même.

Organisation : La Société Théosophique a été fondée à New-York en 1875. Elle possède actuellement (1892) quatre grandes sections, sous la présidence du colonel Olcott. La section européenne a pour secrétaire général G. R. S. Mead, 17, Avenue Road, Regents-Park, Londres. La section américaine a pour secrétaire W. Q. Judge, 144, Madison avenue, New-York. La section asiatique a pour secrétaire général B. Keightley, Adyar, Madras, Indes-Anglaises. Enfin le secrétaire de la section australienne est M. le Dr A. Carol, 6, Victoria Chambers, Elizabeth street, Sydney.

Le siège français de la Société Théosophique et de la Loge Ananta, est à Paris, 30, Bd Saint-Michel.

La Société Théosophique compte actuellement (1892) 260 branches environ, dont 160 aux Indes, 64 en Amérique, 25 en Europe, 7 en Australie et plusieurs aux Indes occidentales, en Birmanie et au Japon. La Société Théosophique publie une vingtaine de journaux en diverses langues.

Chaque section possède un quartier général où l'ouvrage est fait par des volontaires. Il est pourvu aux dépenses de ceux qui n'ont pas de moyens privés. Le quartier général des Indes possède en outre une fameuse bibliothèque orientale.

La Société est alimentée par les dons, les droits d'entrée individuels et de formation de branches, et les cotisations annuelles.

Admission : Pour être reçu membre de la Société Théosophique, il suffit d'en faire la demande au secrétaire général de la section ou au président de la branche la plus voisine, suivant que l'on veut rester membre non attaché ou faire partie d'une branche. On recevra en outre une formule de demande qu'on devra remplir et faire contresigner par deux parrains, membres de la Société Théosophique.

Le droit d'entrée dans la Société est de 6 fr. 25.

La cotisation annuelle est de 6 fr. 25 pour les personnes qui connaissent l'anglais, et 3 fr. 15 pour les autres, et doit être payée d'avance, le 31 mai au plus tard.

Ces droits sont perçus par les secrétaires de section ou de branche. Il peut en être fait remise dans des cas spéciaux.

Pour plus amples renseignements et pour obtenir des formules de demande, s'adresser au siège français de la Société Théosophique, Paris, 30, Boulevard Saint-Michel, en joignant un timbre pour la réponse.

Ouvrages en français (*suite*) :

		Francs
A.-P. SINNETT.	— *Le Bouddhisme ésotérique*, ou Positivisme hindou, traduit par Mme C. Lemaître. .	3 50
—	— *Le Monde occulte*, hypnotisme transcendant en Orient, traduit par F. K. Gaboriau.	3 50
M. C.	— *Lumière sur le sentier*.	1 25
E. BURNOUF.	— *Bhagavad Gîtâ*, poème indien, traduit par E. Burnouf. . . .	5 »
A. DE VILLARS.	— *Le Comte de Gabalis*, entretiens sur les sciences secrètes . .	2 »

2° Ouvrages en espagnol :

		Pesetas
NEMO.	— *Qué es la Teosofia*. .	» 25
—	— *Teosofia*	1 »
W.-Q. JUDGE.	— *Ecos del Oriente*. .	1 »
M. C.	— *Por las Puertas de Oro*.	2 »

2° Ouvrages en espagnol (*suite*):

		Pesetas
H.-P. BLAVATSKY.	— *La Voz del silencio.* .	2 »
W. KINGSLAND.	— *La base esoterica del Cristianismo* . . .	» 50

3° Ouvrages en anglais :

		Shellings
H.-P. BLAVATSKY.	— *The Key to theosophy.*	» 6 »
—	— *Theosophical glossary.*	» 12 6
—	— *Isis Unveiled* . .	2 2 »
—	— *Secret Doctrine.* .	2 2 »
RAMA PRASAD.	— *Natures' finer forces*	» 3 6
M. DVIVEDI.	— *The Yoga Sutra of Patanjali.*	» 3 2
—	— *Raja-Yoga.*	» 4 6

(Nous enverrons sur demande le catalogue anglais de la Société de publications théosophiques, qui contient près de 400 volumes.)

LE LOTUS BLEU

SEUL ORGANE EN FRANCE

DE LA *SOCIÉTÉ THÉOSOPHIQUE*

Fondé par H.-P. BLAVATSKY, dirigé par J. MATTHÉUS

Paraît le 27 de chaque mois

au siège de la Société, 30, boulevard St-Michel

PARIS

Le prix du numéro est de 1 fr. Les abonnements sont de 10 fr. par an pour la France et de 12 fr. pour l'Etranger, et se paient d'avance; il n'y a pas d'abonnements de moins d'un an. Il pourra être fait exception à ces deux dernières régles sur demande motivée.

Nos colonnes sont ouvertes à toute personne capable d'exposer ses opinions et de respecter celles d'autrui. Les manuscrits devront être envoyés le 14 au plus tard. Les manuscrits non insérés seront renvoyés à leurs auteurs, sur demande accompagnée d'affranchissement.

Les questions qui nous seront adressées sur la Théosophie seront insérées, s'il y a lieu, dans la —

Tribune Théosophique — et nous donnerons le mois suivant les réponses qui nous seront adressées sous forme claire et concise par nos frères en théosophie.

Les auteurs des articles signés de toutes lettres, de pseudonymes ou d'initiales sont seuls responsables de leurs opinions. La rédaction est responsable des articles non signés. La Société Théosophique ne répond que de ses documents officiels.

Principaux articles publiés dans le *LOTUS BLEU* de septembre 1891 à février 1892

UN DISCIPLE : Introduction à l'étude de la Doctrine secrète (en cours).

AMARAVELLA : La théosophie. — Les esprits de la Chine. — Pourquoi devons-nous être frères.

E.-J. COULOMB : Le mouvement théosophique. — Les premières épreuves. — Les sept principes de l'homme et de l'univers.

Dr HARTMANN : La crémation au point de vue des religions orientales.

C. LEMAITRE : La couronne d'H. P. B.

Dr BONNEJOY : Etudes de diététique théosophique (en cours).

GUYMIOT : Le monde invisible. — Solidarité. — Les deux mondes. — L'occultisme. — Lumière astrale. — Psychologie occulte. — Le Moi.

H.-P. BLAVATSKY : La clef de la théosophie (en cours).

M.-N. DVIVEDI : L'évolution d'après l'Advaita. — Karma d'après l'Advaita.

L. MAC NAB : Le culte de l'idéal.

G. BHIKSHACHARI : Le mal de cœur divin.

H.-S. OLCOTT : L'union du monde bouddhiste.

EMILE BURNOUF : Trois hymnes du Rig Véda, Traduction et notes.

NOVUS : Jacob Bœhme.

PHILADELPHE : L'amour. — Karma.

W.-Q. JUDGE : Epitome des doctrines théosophiques. Etc., etc...

LISTE

DES

PRINCIPAUX JOURNAUX THÉOSOPHIQUES ÉTRANGERS

LUCIFER, 7, Duke street, Adelphi, *London*.

THE VAHAN, 19, Avenue Road, Regents-Park, *London*.

THEOSOPHICAL SIFTINGS, 7, Duke street, Adelphi, *London*.

THE IRISH THEOSOPHIST, 3 Upper Ely place, *Dublin*.

ESTUDIOS TEOSOFICOS, 66, Calle Tallers, *Barcelona*.

THEOSOPHIA, 248, Jan-van-der Heijdenstraat, *Amsterdam*.

SPHINX, Schwetschke und Shon in *Braunschweig*.

LOTUSBLÜTHEN, W. Friedrich et Cie, *Leipsick*.

TEOSOFISK TIDSKRIFT, *Stockholm*.

THE THEOSOPHIST, Adyar, *Madras*.

THE PRASNOTTARA, Adyar, *Madras*.

PAUSES, Church-gate-street. Fort. *Bombay*.

THE BUDDHIST, 61, Maliban street. *Colombo*.

JOURNAL OF THE MAHA-BODHI SY, *Calcutta*.

THE SANMARGA BODHINI, *Bellary*.

THE GUL-AFSHAN, *Bombay*.

THE PATH, 144, Madison Avenue, *New-York*.

THE PACIFIC THEOSOPHIST, *Seattle. Wash.*

THE THEOSOPHICAL FORUM, 144, Madison Avenue. *New-York*.

THE NEW CALIFORNIAN, Cor. Union Ave., *Los Angeles*.

Paris. — Typ. A. M Beaudelot, 16, rue de Verneuil. — 1560.

ERRATA

Page 37. — Note, — *lire* : Nyanyasutras.

Page 48. — 8e ligne : Lotus sur la bonne loi, — *lire* : Lotus de la bonne loi.

Page 56. — 5e ligne : mais n'étant pas même..., — *lire* : mais n'était...

Page 200. — Avant-dernière ligne, — *lire* : La fraternité sans distinction d'opinions...

Page 239. — 13e ligne, — *lire* : affaiblir leurs revendications,...

Page 240. — 12e ligne, — *lire* : est son aspect humain.

www.ingramcontent.com/pod-product-compliance
Ingram Content Group UK Ltd.
Pitfield, Milton Keynes, MK11 3LW, UK
UKHW031834260826
14628UKWH00001B/389

9 782019 700324